脱開発と超SDGs

戸田隆夫

創成社新書
66

はじめに

本書の目的は、私たちが「未来」と向き合うことだ。「政府開発援助（ODA）」や「国際協力」の解説書ではない。できれば、「国際協力」や「SDGs（持続可能な開発目標）」などにあまり関心がない人にも読んでほしい。さまざまなことに悩みながら、今をよりよく生きようとしている人、あるいは、その中で、時折、虚無感に包まれてしまう人や、人生の意味を探し求めている人などにも読んでもらえたら、とても嬉しい。本書は、そんな人たちの疑問にまっすぐ答えるものではない。しかし、私も同じような悩みを持ち続けてきたこと、そして、それゆえに、私の今日があると信じていることをお伝えしておきたい。

「第1章　時空を駆け巡る想像力」は、私の人生にとって重要な転機となった2つの事件について書いた。ひとつは、16歳の「私」に起こったこと。もうひとつは、カンボジアにある一本の木との出会い。「その日」から私は変わった。広い世界と小さな自分の間に、絆が生まれた。私は、「開発」のプロになった。

「第2章　闇の中の小さな輝き」は、私の大好きな国、ルワンダの闇と光について。1994年の大虐殺の前と後、その双方にかかわった数少ない外国人としてのレポートである。八方塞がりともいえる困難な状況の中でも、人は尊厳をもって生きることができるのか？　社会は再生できるのか？　ルワンダが教えてくれた。

「第3章　傲慢な開発」は、9・11を境に大きく変わったアメリカでの話。十数年後、ワシントンDCにある世界銀行の大きな会議室で、私は「愛」について熱弁をふるった。そして、大きくスベった。世界最強の国、世界の中心？　しかし同時に脆くてナイーブな国？　アメリカと向き合うことで、「開発」への理解も深まる。

「第4章　目に見えないもの」は、緒方貞子氏のステーキ屋での一言から始める。私は、アメリカからイラクに渡る。有志連合軍侵攻後のイラクで、私は何もできなかった。しかし、「自分には何が見えていないか」を内省する機会となった。

「第5章　『開発』から『脱開発』へ」では、私の専門である「開発」について、歴史的な話も交えながら、少し掘り下げた。今、「開発」を巡る状況は大きく変わった。私たちは、「脱開発」の時代に入りつつあるのかもしれない。

「第6章　現実世界のSDGs」は、SDGsに対する「オタク的な」ツッコミである。強い者の振る舞いにも触れる。人は可能性よりも問題の方に注意を向けがちである。しかし、社会的弱者への共感と支援だけでは世の中は変わらない。

「第7章　未来と向き合う―SDGsを超えて―」は、未来と向き合うための提案である。多様な価値観を持つ人々が共通の未来に向かって協働するために何が大切か？　これからの議論の出発点となれば幸いである。

本書を手にとってくれたこと、みなさんとのご縁に感謝する。それぞれの関心に従い、興味を惹かれたところを読んでいただきたい。その結果、たとえわずかでも、みなさんの心の中に、何かが灯れば、私の願いは叶う。私はそれをとても幸せに思う。

目　次

第1章　時空を駆け巡る想像力

夕日に何を思う？

「この写真を見て、何を思いますか？」

最近、私は、大学や企業でお話をさせていただく機会に、この写真から始めることが多い。話をした後で、もう一度、この写真を見てもらう。

朝日なのか夕日なのか、どこでとったのか、関東なら、伊豆あたりだろうか。景色の良い温泉宿で夕日を写真に収めたあとは、さぞかしご馳走が待っているのだろう、などと想像を巡らせる人が多いかもしれない。

皆さんとの旅もここから始めさせていただきたい。

もしお願いできるなら、本書をひととおり読み終え

出所：筆者撮影。

た後、想像をたくましくして、再びこの写真を眺めていただきたい。もし、そこで、皆さんが思うことにたとえわずかでも何か変化があったとすれば…

カンボジアで生まれた「私」

1960年8月、私は、カンボジアの首都プノンペンで生まれた。1975年、15歳の誕生日は、市南部の小さな我が家で迎えた。市とはいっても周囲にはのどかな農村風景が広がっている。庭先には、トゥクトゥクが1台。父がバイクを改造してつくったタクシーだ。一家はこれで生計を立てていた。母は、家の周りに果樹を植え、野菜を育てていた。私は三人兄弟の末っ子。兄はすでに幼い頃に病気で他界した。4つ上の姉は、小学校の教師を目指していた。我が家は、裕福ではないにしても日々の暮らしに困らない幸せな家庭であった。両親が健在で、子どもの誕生日を覚えていて、家族でお祝いができる、ということだけでも、当時としてはとても恵まれたことであったのだ。母は、甘いもの好きな私のために、いつもの潰したバナナの揚げ物に加えて、ココナッツミルクのクッキーも焼いてくれた。パームシュガーがたっぷりとかけてある。

しかし、幸せな日々はそう長くは続かなかった。翌年、私は家族と離ればなれになった。当時、クメールルージュの台頭に反発する活動家は言うに及ばず、学者や文化人、芸術家や教師などの知識人は、次々に「姿を消して」いった。幸い、両親は、著名人でも文化人でもなかったが、クメールルージュたちが国づくりの主役とする農民たちとみなされていたわけでもなさそうだった。バイクタクシーの仕事も少なくなり、日々の食べ物を手に入れることも次第に難しくなった。一家は、父の実家のコンポンチャムに疎開することにした。最低限の荷物をまとめて出発を控えた前夜、クメールルージュが我が家を訪ねてきた。父と彼らが口論になりそうなところを母が止めに入っていた。私は、クメールルージュに誘われて、彼らの「革命運動」に参加することになった。誘われて、といっても実のところは強制連行に等しかった。着の身着のまま、ほぼ拉致同然にトラックの荷台に載せられ、プノンペン郊外の軍のキャンプに連れて行かれた。荷台には私と同じような年格好の少年たちが詰め込まれていた。背中で母や姉の泣き叫ぶ声が次第に遠くなっていった。

クメールルージュの兵士として

戦局は泥沼化していた。キャンプには、黒い上下の服を来た大人の兵士たちに加えて、私と同年輩の少年がたくさんいた。少年たちは、連れてこられたときの服のままであった。服の汚れやほころび具合でだいたいの滞在期間が推測できた。ただひとつ、赤と白の格子縞のスカーフが支給された。これが、兵士としてのアイデンティティとなっていた。キャンプには兵士たちが発する汗と糞尿の入り交じった臭いが漂っていたが、数日もしないうちに、気にならなくなった。次第に配給される食糧も乏しくなった。足りない分は、当初は、近隣の農家に頼んで分けてもらっていたが、そのうち、彼らの畑や家々に押し入って強奪するようになった。

私は、幼い頃、母親と一緒に厨房にいるのが好きだった。母から料理を教えてもらったわけではないが、見よう見まねでそこそこ料理ができた。母が疲れているときなど、ありあわせの質素な食材で家族に食事を作ってあげることもあった。そのことが少し年上の兵士を通じて幹部に知れると、幸いにも幹部の食事を作るための厨房に配属されることになった。厨房、といっても、単にレンガで組んだ大小のかまどと調理台がトタン板の屋根の下にあるだけだ。

キャンプに大勢のこどもたちが連れてこられるようになったのは、1976年の暮れのことだったと思う。トラック一杯のこどもたちがキャンプに届けられるのは、たいていは昼下がり。爆音で流され続けるラジオからの行進曲の合間を縫って、こどもたちの声がする。きっと疲れているのだろう。親から離れて寂しいのだろう。泣き叫ぶような悲痛な声がする。しかし、やがて、ラジオの音楽も消え、こどもたちの声もしなくなる。彼らは何を食べているのかなあ、お腹は空かないのかなあ、と思いながら私は幹部たちの夕食の支度を始める。

そして、翌朝になって、こどもたちの声が聞こえなくても特に疑問に思うことはなかった。耕地で草を食む水牛ののどかな鳴き声がする。夕食の支度が終わる頃、一帯が茜色に染まる。大きな夕日が荒れた農地の果てに沈んでいく。

当時私は、食べ盛り育ち盛りの16歳。人目を忍んで食材をつまみ食いする。もしかしたらそのことは周りに気づかれていたかもしれない。しかし、私は、幹部に対して食事を作るということ以外に、「ある種の饗応」をしていたので、たぶん不問に付してもらえていたのだと思う。「その日」が来るまでは。

私の運命を大きく変えることになった「その日」には、珍しく大きな肉の塊が運ばれてきた。豚のようだが、半ば野生化したものを誰かが捕らえてきたのだろう。身が引き締まっていた。母と肉の塊を捌いていた頃を思い出しながら、私は無造作に捌いて鍋に入れる。沈もうとする夕日の朱光に、捌いたばかりの肉の切り口が照らしだされて綺麗だ。茹で上がったばかりの切り身を1つ、こっそりと頬張る。そして、2つ、3つ、久しぶりの肉。美味しさで我を忘れる。そして4つめを口に入れようとしたときに、後ろから首筋をぐいっとつかむ者がいた。

キリングフィールドで「処分」したもの

気がついたら、私は、こどもたちと同じフィールドにいた。こどもたちは、まだ歩き始めたばかりの1歳くらいから8歳くらいまで。後ろに組まされた両手が不揃いな縄で縛られ、5、6人で数珠つなぎになっている。土埃だらけの頬に涙の筋が浮かんでいる。おそらく裕福な家庭にいたのだろう。綺麗な身なりをしているこどもが少なくない。ただ、みんな、痩せて目がくぼみ、肘が尖っている。脱水症状で唇が縦にひび割れ、血を流している子もいる。100人近くはいるだろう。およそ6メートル四方くらいの小さな敷地に身を寄せ合って座らされ、刺すような目線をこちらに向けている。その周りを、兵士たちが囲んでいる。

「おまえは彼らを全員『処分』するのだ」

20歳前後の先輩格の兵士は、端っこにいた3歳くらいの女の子の縄を乱暴にほどき、彼女の両足首を無造作に掴んだ。彼女は咄嗟に両手で頭を守ろうとする。しかし、何度も振り回されているうちに、やがて朦朧となる。兵士は、勢いをつけて彼女を振り回し続け、幹の直径が80センチくらいの大木に近づいていく。一瞬足首を持つ手に力が入る。彼女の頭を木の幹にたたきつける。三度目に鈍い音がする。それを確認すると逆スイングで、彼女を後ろに放り投げる。一部始終をみていたこどもたちが、恐怖で声にならない声を絞り上げる。

「さあ、残りはおまえがやるんだ」

「私」という人間はそこで終わった。私の生きる意味も、命の尊厳も。私の魂は空と時を駆けた。

日本で生まれた「私」

1960年8月、私は、大阪の下町で生まれた。少し南に下れば大和川。大阪市内とはいえ、まだ田畑がたくさん残っていた。家の裏には、肥だめをかき混ぜるための風車があり、家の前の畑には牛がいた。父は、16歳のときに江田島の海軍兵学校最後の77期生として終戦を迎えた。原爆被害の跡が痛々しい広島市内を通り抜け、兵学校支給のリュックサックにさつまいもや雑穀を目一杯詰め込み、徒歩で大阪まで帰ってきた。一家でただ一人の働き手として、馬力屋（馬を使った運送屋）を営み、栄養失調の祖父と祖母、そして3人の姉妹たちを養った。やがて、大阪市営の路面電車の運転手となった。小さな家具屋から嫁いできた母は、タイピスト兼雑用係として近所の会計事務所に手伝いにいき家計を助けていた。私は三人兄弟の末っ子。兄は、私が生まれる前に他界し、4つ上の姉は、小学校の教師を目指して地元の大学に通っていた。兄の他界したタイミングと私の生まれたタイミングを考えると、私は彼の生まれ変わりであったのか、と思う。長屋の一角を占める我が家の間口は二間半（約4・5メートル）、建坪11坪半（約36平方メートル）。決して裕福ではなかったが、日々の暮らしには困らない、幸せな家庭であった。

1975年、私は15歳の誕生日を我が家で迎えた。両親が元気でいて、子どもの誕生日を覚えていて祝ってくれる、という家庭は、当時の日本では、恵まれていたのだ、と思う。

「隆夫、今日はすき焼きやで。肉、ぎょうさんあるから、食べたいだけ食べや」

誕生日のために牛肉を奮発した両親は得意げだ。関西で、肉といえば、牛肉だ。私は、子煩悩な両親を喜ばせることこそ自分の使命と心得て、がむしゃらに牛肉に食らいつく。実はそんなにお腹が空いているわけではないのだが、さすがに15歳、食べようと思えばしっかりと食べられる。一口、二口、三口、四口、額に汗を浮かべながら夢中で肉を頬張る自分に両親の満足げな視線が注がれる。牛肉を包んでいた包装紙には、人工着色料の赤い染みだけが残る。北側の窓の外に、うっすらと西日が差すのが見える。茜色が重なる。そして、私は座り直し、鍋に油を塗るために添えられていた脂身の塊も、平らげてしまう。

「やれやれ、隆夫はほんまにすき焼きが好きやなあ。もっと食べや」

母の肩越しに西日が差し込んだ。

登校拒否、家出、そして断食

1976年、高校に進学してまもなく、私は、学校に行かなくなった。当時、日本経済は、オイルショックやニクソンショックなど国際情勢の荒波に揉まれながらも、苦境から立ち直り、再びたくましく成長を続けようとしていた。最初は、学校に行くと偽り、府立病院の待合や、通天閣近くのドヤ街をふらついて時間を潰していたが、次第に堂々と家に引きこもるようになった。衣食住の足りた生活、優秀で友好的なクラスメート、熱心で個性溢れる先生、優しく誠実な両親、真面目で努力家の姉、何一つ不自由はない。しかし、それゆえ、生きることに対して戸惑いが際立つことになった。

「生きていても楽しくない。幸せってなんだろう。俺はなぜ生まれてきたのだろう。何のために生きているのだろう」

もともと、生きる力が弱かったかもしれない。小さいときから、少し元気がなかった。独りの時、これからの人生のベストシナリオをいくつか描いてみては、それに感動しない自分に落胆していた。お金持ち、権力者、憧れのスター、プロ野球の選手、尊敬を集める学者、芸術家、そして自分を囲む素晴らしい家族、友人たち…一体それらに何の意味があるというのか。死んでしまえばすべて終わりではないか。運動会や修学旅行、学校行事や地元のお祭りなどでも、子どもらしくわくわくした記憶がない。生きようとする力が湧き上がってこない、生きたいという欲望がない。ただ、死ぬのが怖いだけ。惰性で生きている。

秋になって家出を試みた。南海高野線をひたすら南に下り、紀見峠で降りる。目指すは、幼い頃に何度も父に連れて行ってもらった岩湧山。しばらく、まっとうな食事をしていなかったせいで、歩みが遅く足下がふらつく。終日山中をふらふらと歩き回る。

「俺は一体何をしているのだろう?」

下山を始めて気がつくと夕闇が迫っている。回りの木々が歩きだして自分に近づいてくるような錯覚に襲われる。下山ルートを探している間に、日がとっぷりと暮れ、暗闇と静寂が訪れる。後ろや傍らに何者かの気配を感じるが、何も見えない。街の灯りが見え、アスファルトを踏みしめたとき、嬉しかった。俗界に戻れた喜びではない。恐怖を感じ、恐怖から逃れたいと、たとえひとときでも自分が必死になれたこと、生きようとしていたことに対して嬉しかった。黒い山影に向かって一礼をした。

「ありがとうございました」

自然に対する畏敬の念とはまさにこのような気持ちのことを言うのだろう。家に書き置きを残した以上、日帰りではなんとなくみっともない。夜更けの公園のグラウンドを周り始めた。大粒の雨が落ちてきた。うつむいたまま、激しく降り続く雨の中を夜が明けるまで歩き続けた。

「神様、この雨で、この命をすべて洗い流して、どうか早く俺を天に返してください」

そして、翌朝、すがすがしい気持ちで家に戻った。家族は腫れ物にさわるように、何も言わなかった。ずぶ濡れの衣類を全部乱暴に脱ぎ捨て、まっすぐ二階にあがり、横たわる。そこから食事も水も一切とらなくなった。

「その日」は、断食4日目にやってきた。私は、とても穏やかな気分で古い天井の模様をぼんやりと眺めていた。不規則に展開する木の節目や年輪をゆっくりと目で辿るだけで心が安らいだ。天井裏を散歩するねずみたちのカサカサという足音が心地よかった。ここまで育ててくれた両親には本当に申し訳なく思う。しかし、真面目な姉もいることだし、これから無為徒食となる私に不必要な「投資」をこれ以上しなくて済む。社会のお荷物となる自分のことであれこれと悩まなくても済む。これまで、気の小さい私は、死に至る痛みや恐怖に自分はきっと耐えられない、だからお迎えが来るまで辛抱して生きなければ、しっかりと生きないと駄目だ、と自分で決めつけていた。いかに生きるか、ではなく、死ぬか生きるか、でもなく、どうしたら穏便に死を迎えることができるか、が課題だった。そして、ついに最良の解決策を私は見つけたようだった。このまま絶食を続けたら、痛みも苦しみもなく穏やかに死を迎えることができそうだ。

階下で父が風呂から出る音がした。母が作るかぼちゃの煮付けのにおいが細い階段を伝って漂ってきた。私の好物だ。自分が旅立とうとしているときに、父が普段どおりに風呂に入り、母が夕飯を作り、彼らが日常を何も失わないでいることも嬉しかった。

「なんて素晴らしい夕べなんだ。天に感謝したい」

突然、細く急な階段を勢いよく駆け上がる音がした。一糸纏わぬ父は、風呂上がりの濡れた身体のままで、私を後ろから乱暴に抱きしめた。そして軽々と私の身体の向きを変え、正面から抱きしめた。15歳の私に腕相撲で負けた父からは想像もできない恐ろしく強い力だった。父は無言で泣いていた。私の額に彼の涙がしたたり落ちた。私の身体中に強い電流が走り巡った…

気がつくと、私は、大声で「ごめんなさい」を繰り返していた。その声は密集した長屋中に響き渡っていたことだろう。父は、痩せ細った私を抱きしめたまま、膝を立てて窓際に移動し、窓をそっと閉めた。

私の魂は再生した。理屈抜きで、誰に何を言われようと、真剣に生きていこうと思った。理由はなかった。わからなかった。ただ、生きていこうと思いなおした。いや、「この日」にこそ、「私」は生まれたのだ。

「再び」キリングフィールドへ

1999年夏、私は、カンボジア郊外のキリングフィールドにたたずんでいる。JICAに務めて15年。私は自分で自分を追い詰めていた。国際協力という仕事が楽しくなくなったわけではない。2人の娘が生まれ、むしろ、やる気が倍加したような気がしていた。国際協力に邁進することで、素晴らしい世界をこどもたちの世代に引き渡す。ありきたりで抽象的なお題目であっても、幼い娘たちを抱いて、自分の魂に気合が入った。1997年、妻に最初の癌が見つかった。相前後して、私自身にもサルコイドーシスという病があることがわかった。健康診断でそれを見つけた産業医は得意げだった。二番目に訪ねた病院の担当医は、たまたま、この難病の学会長を務めていて、壮年の男性の罹患は珍しい、と大歓迎してくれた。治療法の提示がまったくないまま、いろいろと実験台になった。おそらくそれで彼は何本か論文を書いたのであろう。さらに1999年の暮れ、次女が川崎病に罹り、母子ともに入院となった。幼い娘たちのためにも、妻のためにも頑張らねば、という思いが空回りした。その頃、仕事も少し責任のある立場に就いた。帰りが遅くなった。夜通し仕事をすることも少なくなかった。土日は最低限の家事の分担に努めたが、暇さえあれば寝ていた。長女の運動会が近くの公園で行われたとき、私は公園のベンチで寝込んでしまった。

家庭内がぎくしゃくし始めた。逃げるようにさらに仕事にのめり込んでいた。しかし、仕事と向き合おうとすればするほど奇妙な違和感は増幅していった。最も身近な人々と向き合うこと無く、国際貢献を語る自分は嘘っぱちの偽善者に思えた。日々、パソコンに向かい、書類を作り、会議に出る、高尚なことをしゃべる。日本にいても開発途上国にいても立派な国際会議場にいても、やっていることは同じだ。世界のために、途上国のために、こどもたちの未来のために、などと言い聞かせても、何か違う。「現場に出る」と称して、途上国の村々を渡り歩いても、所詮、通りすがりのよそ者であり、そこに長くとどまることはない。「開発劇場」でつまらない芝居を演じている。シナリオはだいたい決まっていて、たいていは、細切れの小さな成功物語で終わる。何かが欠けている。国際協力という名の下に、実際に自分が日々やっていることに一体何の意味があるのだろう、という思いが強くなっていた。

「この木の幹の腰の高さのあたりに、ペンキで×印が塗ってあるでしょう。これは何か、わかりますか?」

私が忙しい調査日程の合間にどうしてもキリングフィールドに行きたいといったので、カンボジア人のT君がつきあってくれた。彼は、文科省の国費留学生として来日し、名古屋大学の大学院で法律を学んでいた。キリングフィールドと呼ばれるとこ

キリングフィールドに立つ木

出所：筆者撮影。

ろは、カンボジア国内にいくつかあるが、首都プノンペンからさほど遠くないところに案内してもらった。

「この木のこの部分、少し不自然に平らになっているでしょう。この部分で、400人を超えるこどもたちの頭蓋骨が打ち砕かれました。たいていの場合、少年兵たちがそれを実行したのです。頭蓋骨を砕かれたこどもたちは、この一画に投げ捨てられました。内戦が終結してもしばらくの間、放置されたままでした。当時、この木のこの部分には、こどもたちの血や砕かれた頭蓋骨から溢れた脳みそが付着していた、とも言われています」

カンボジア内戦も末期になると、鉄砲はおろか鉈のような武器もない。それゆえに、この地で行われた殺戮は、凄惨を極めた。断末魔の声をかき消すために、ラジオから威勢の良い音楽が流れ続

こどもたちの遺体が投げすてられた場所

出所：筆者撮影。

けた。あれから20年以上たった今、遺骨はきれいに取り除かれている。しかし、生い茂った草むらの中をのぞき込むと、衣服の切れ端のようなものが未だ残っていた。

「『それ』が、二十数年前、実際にここで行われたことです」

普段陽気なT君はここで口をつぐんだ。木に向かって手を合わせた。

「絶体絶命」からの旅立ち

私の心の中で、時が止まった。それから、私の魂は浮遊し、縦横に時空を駆け巡り始めた。

16歳の時、日本の恵まれた家庭に育ちながらも、穏やかな死出の旅、つまり、断食による自殺を試みたこと、その旅を渾身の抱擁で思いとどまらせた父、湯上がりのぬくもりと汗、母の作ったかぼちゃの煮付けのにおい、がよみがえった。そのあと直ちに、私は、１９７０年

キリングフィールドに
安置されている頭蓋骨

出所：筆者撮影。

代後半のカンボジアにいた。後にキリングフィールドと呼ばれることになるこの地に確かに私は居たのだ。私は16歳。クメールルージュの少年兵。私は目の前にいる400人を超えるこどもたちを「処分」しなければならない。拒否すれば、私は即「処分」される側にまわる。抵抗する私自身の「処分」は見せしめのために凄惨を極めるのだろう。両親や姉にも危害が及ぶかもしれない。

「今、この場で、ごく普通の人間である私には、何をどうすることもできない。進むことも退くことも。絶体絶命だ」

それから、私の魂は、絶体絶命の状況から時をさかのぼり始めた。

1975年、クメールルージュによるプノンペン占領、新しい国づくりの理想に燃え、喝采を叫ぶごく一部の若者や貧農たち、戸惑う多くの人々、体制の活用を図ろうとする立場とこれを警戒する立場の間で揺れる列強や近隣国の思惑。1970年、民族統一戦線と民族連合政府(北京亡命政府)の結成、アメリカによる空爆、南北ベトナムの介入、翻弄される国家と国民。経済を否定し、競争を否定し、貨幣を否定し、都市を否定し、知識を否定し、農民による国家を建設しようとした彼らの急進的思想、これを歓迎する人々、戸惑う人々、軍に活用されど人々に届かない海外からの緊急援助物資。1967年、クメールルージュによる武装闘争の開始、貧富の格差、都市と農村の格差と募る農民の不満、多くの人々の困窮に無関心な富裕層。1953年、カンボジアの独立、負の遺産から出発した建国、権力闘争に明け暮れる政治。1945年、フランスによる支配。1939年、日本による侵略……

列強と周辺国、そして一部の急進的エリートに翻弄され続けた小国の歴史を、「私」は、縦横無尽に駆け巡る。第二次世界大戦に突き進んだ日本と同様に、そこには、さまざまな人々の顔や思いや行動がある。それぞれの時代において、国際社会として、国として、地域社会として、人として、無数の分かれ道があったことを改めて思い知る。たくさんの「歴史のIF」が私につきつけられる。一人ひとりの個々の力では何もできないかもしれないが、普通の身の丈の人でも、つながり合い、力を合わせれば、それぞれの歴史の分かれ道で、きっと何かができたのではないか、という思いがこみ上げてくる。それは、論理的科学的な思考とはほど遠いものであったが、国際協力の仕事に行き詰まりを感じていた私自身にとって、直感的に納得のいく啓示となった。

「私たちは、時空を超え自由に駆け巡る知性によって、世界各地の過去と現在から学び、未来を創造し、望ましい未来を創ることに関わっていくことができる。そのような知性こそが私たちの存在意義なのだ。私たちが日々実際に取り組んでいること、多くの選択肢からの選択、私たちが毎日具体的にできることは、途方も無いほどたわいのない、ささやかでくだらないことかもしれない。しかし、そのひとつひとつの行いについて、もし仮に、それらの行いを、時空を超えて望ましい未来と結びつけることができたならば、それらのひとつひとつがきっと輝きを放ち、意味を持つはずだ。望ましい未来の実現は、恐ろしい未来の到来を避けることでもある。私は、絶体絶命の状況で活路を見いだすことができるような超人ではない。凡庸で臆病で、ちっぽけな存在だ。しかし、私は考えることができる。感性と知性を働かせて時空を超え、旅をすることができる。望ましい未来を想像し、その実現を願うことができる。そのような未来に向かって、どんなにささやかなことであっても何かをする、という意思を持つことができる。そして、そのために、実際に行動することができる」

どのくらい時間が経っただろうか？　T君が傍らで私を心配そうにみつめていた。

「さあ、そろそろ空港に向かいましょう」

1万メートルの上空で

プノンペンからバンコクを経由して成田に向かうフライトは快適だった。私は興奮していた。JICAの本来業務に関する出張報告の作成は後回しにして、キリングフィールドでの体験を反芻（はんすう）していた。

あのとき、私の脳には、何かが憑依したのかもしれない。しかし、もし、今後、私が意図的に想像力を働かせて、過去と未来を行き来し、世界の各地を訪れ、自由自在に、時空を超えて旅をすることができれば、私の人生はどう変わるのか？　家庭人として、職業人としての生き方はどう変わるのか？　それを、私個人のみの問題として、ではなく、広くとらえたら？　人々は？　国は？　世界は？

振り返れば、幼少期、私は私なりの想像力を働かせて、人生の終末までの「最高の」ストーリーをいくつか描いてみては、それらのすべてに失望していた。なぜなら、すべてのストーリーが死で終わるからであった。また、金持ちになったり、スターになったり、偉くなったり、ストーリーの過程で実現するはずの諸価値についての実感もなかった。そして思春期、私は、死の淵から、親の愛で現世に連れ戻され、そこから「生きていく」ことになった。あのとき、私の背中を貫いた電流のようなものが一体何であったのか、今もわからない。しかし、あのときから、私は主体的に生きていくようになった。人生が死で終わるという事実は、寸分たりとも変わっていないのに。

出張から戻って早々に、妻の二度目の手術がある。今度は少し大規模なものになるかもしれない。自分も、わけのわからない病気に翻弄されている。日常生活に支障はないし治療法も見つかっていないようだが一応通院の必要があると言われている。１２０パーセントおかあさんっこの２人の幼い娘たちは、これからどうやって育てようか。もう少し、おとうさんになついてくれるとこちらも元気がでるのに。

明日、出勤したら、苦手な事務処理の仕事がたぶん山積みになっているのだろう。私の雑然としたデスクのうえには、さまざまなご立派な言葉を冠した報告書や書籍が並んでいる。経済成長、持続的開発、貧困削減、地域総合開発、人的資源開発、社会開発、環境保全、平和構築…人一人ひとりの人生と同じように、人類もやがて終わるのだろう。なのに、そこには目をつぶっている。あたかも未来永劫に人類が存在し続けることを前提として、その繁栄を目指すことを文句なく善として受け入れているかのようだ。

「破滅への道は善意で敷き詰められている」とも言うではないか。

CAが飲み物を勧めてくれたので、バーボンの水割りを頼んだ。離陸時にかすかに見えていた夕日は、とっくに沈んでいた。

「人類に対する愛」とは、自分が心の中で創り上げた人類に対する愛、つまり、己に対する愛に過ぎない、と言ったのは、確かドストエフスキーだったと思う。「遠き者への愛」は容易に輝くが、日々の暮らしで「近き者への愛」がいかに困難で疲労困憊するものであるか、ということを多くの人が実体験をもって知っている。「遠き者への愛」は易しいが、「近きものへの愛」は難しい。自分がキリングフィールドで体験したことは、単なるカタルシス（精神の浄化作用）だったのか？　公私ともに日々の暮らしで疲弊している自分がいる一方で、自分の仕事場では、世界の平和とか経済の成長とか繁栄とか、ＸＸ開発とか、美辞麗句が溢れている。あの体験は、これら２つの間にある埋めがたいギャップに苦しむ自分に対する束の間の慰めだったのか？

気がつくと、夜が明けて、飛行機の小さな丸い窓の外が明るくなってきている。また、一日が始まる。

時空を超える想像力。絶体絶命で超人でもなければ何もできない状況もあれば、そうでない状況もある。普通の人間でも何かを主体的に選んで能動的に行動することができる状況もあるはずだ。想像力は時空を超え、それらの状況を往来し、時には、それらをつなげる架け橋になる。もちろん、想像力は、感性と知性の産物であり、感性と知性の豊かさの度合いによって限界づけられるかもしれない。幼い自分が失望したのは、もしかしたら、無意味な自分の人生そのものではなかったのかもしれない。幼い自分を失望させたのは、自分自身の未熟な感性や知性の限界であり、当時の自分が発揮できた想像力の貧困であったのではないか。

想像力をたくましく持つ限りにおいて、人は、誰に妨げられることもなく、自由に無制限に時空を旅することができる。それによって、人は諸資源の希少性の制約から解放されているのだ。もし、そうだとすれば、これを存分に使わない手はない。一人ひとりの思いや努力に加えて、これが、もし、地域社会や国や世界のレベルにおいて、つながっていけばどうなるだろうか？

お金がない、資源がない、モノがない、時間がない、技術がない、機会がない、人財がいない、などの言い訳ばかりが世の中に蔓延している。開発途上国ではとりわけ頻繁に、そして長年の凋落傾向にある日本でもよく耳にする。希少性の制約から自由な人々の知恵や想像力を存分に活用すれば、世界はどう変わっていくのだろうか？　気のせいか、「開発」や「成長」などといった言葉が少し身近なものに思えてきた。同時に、それらの言葉を無条件で善きものとして受け入れるのではなく、時空を超える想像力を駆使して、「その先にあるもの」や「その背後にあるもの」を、しっかりと見透して行く必要がある、とも思った。

家庭人としても然り。単なる給料運搬人で家では粗大ゴミでしかない存在も、多少なりとも自分がわくわくするような未来像を思い描いて、それに向かって生きてみれば、幼い娘たちも病身の妻も少しは顧みてくれるかもしれない。少なくとも、そう努力することにお金はかからない。

「人の死、人類の死というものにどう向き合うか、は未だわからない。しかし、今は、限界を決めない。世界や人類の未来の可能性も。なぜなら時空を超える想像力と、それを生み出す感性や知性には、もしかしたら、無限の可能性があるかもしれないから」

ほどなく成田到着、との機内アナウンスが聞こえた。

第2章　闇の中の小さな輝き

ルワンダの大逆転？

長年にわたるカンボジアでの武力紛争は、１９９１年10月のパリ和平合意によって終止符が打たれた。それから2年半後の１９９４年４月、今度は、西半球のルワンダで再び惨劇が繰り広げられた。わずか3カ月の間に80万人から１００万人とも言われるルワンダ人が同じルワンダ人の手によって虐殺された。その後、20年足らずの間に、ルワンダは、奇跡の復活を遂げる。「アフリカの奇跡」とも呼ばれている。天然資源に乏しい内陸の最貧国は、大虐殺の傷跡を背負いながらも、アフリカ大陸有数のＩＣＴ立国として、世界中からの投資を呼び込み、着実に発展を遂げつつある。ポール・カガメ大統領による長期にわたるリーダーシップについては、批判もある。しかし、他の貧しい国々よりはるかに多くのハンディキャップを負いながら、復興と開発に成功しつつあるこの国から、私たちは貴重な学びを得ることができるかもしれない。

ルワンダの大虐殺については、アフリカの紛争を長年研究してきた武内進一の秀逸な研究がある。私は、大虐殺前のルワンダの開発と、大虐殺後の復興の双方にかかわった。ルワンダの人々は、貧困と武力紛争の相乗する困難な状況からいかにして抜け出すことができたのか、という難問について、実務者としての考察を述べる。

アフリカのおへそ

アフリカ大陸のほぼ中央部に位置するルワンダは、日本の四国ほどの面積（２６、３００平方キロメートル）の小さな国で、およそ１、３００万人の人がひしめき合って住んでいる。人口密度は日本の１・５倍、四方を山で囲まれた内陸国で、一人当たりの国民所得は１、０００ドルに満たない世界で最も貧しい国のひとつである。

15世紀ごろには、王国が建設されたが、１８９０年にドイツの保護領、１９１６年にべ

出所：筆者作成。

ルギーの委任統治領となり、1962年に独立した。この国が、世界中から注目されるようになったのは、1994年4月に起こった大虐殺の惨劇以来のことである。それ以前は、マウンテンゴリラの生息地や豊かな自然と穏やかな気候ののどかな山国として、ごく一部の人々に知られる程度であった。これといった資源のない内陸の最貧国の復活劇は、大虐殺の惨劇と同等、あるいはそれ以上の注目を世界から浴びた。今やルワンダはアフリカにおいて最も望ましいビジネス環境が整えられている国のひとつであると評価されるまでにいたっている。

2000年に大統領に就任して以来、長期にわたってこの国のかじ取りをしてきたポール・カガメは、専制主義的な政策手腕について批判を受けながらも、大胆な経済社会改革によって、内戦と虐殺の惨禍からの復興を実現してきた。

人懐っこいアフリカの友人

ルワンダと日本の付き合いは古い。服部正也がルワンダ中央銀行総裁として赴任したのは、同国の独立からわずか3年後の1965年のことであった。そして、1970年以降、日本は、同国に対する開発支援を継続してきた。1980年代、日本は、相次ぐODA倍増計画を公約どおり実現し、ルワンダに対する支援も、地方給水、農業（農薬、農業機械）、公共交通、職業訓練・技術教育、そして観光開発に至るまで多岐にわたっていた。1985年には、青年海外協力隊派遣協定を締結し、日本の若者たちが、この山国の各地で活躍した。彼らの活躍は、ルワンダの人々が親日的な感情を抱くことに大きく貢献した。

1989年からザイール（現コンゴ民主共和国）の日本大使館（当時）に経済協力担当として出向していた私は、着任後すぐ、兼轄国のひとつであるルワンダを訪れた。首都キガリの標高は1,567メートル。さわやかな風が、「千の丘」（ミルコリンヌ）と呼ばれるキガリの街並みを吹き抜ける。ホテルの中庭や道路脇には、季節の花が咲き乱れている。長年の友好関係を反映し、政府の役人や関係団体の人々のみならず、道ゆく人々さえ人懐っこく、親日的である。もちろんほとんどのルワンダ庶民は、日本のことを、トヨタ、ホンダなどを通じてしか知らなかったが、ルワンダ各地で活動を始めた協力隊員やその他のODA事業によって、「顔の見える」日本が徐々に浸透していった。キガリの気候は、年中温和で熱帯雨林気候の街、キンシャサ（ザイールの首都）の男性的な気候とは対照的である。また、縦横ともに体格のよいザイールの人々や、長身で威風堂々とした南の隣人であるブルンディの人々とも異なり、比較的小柄で威圧感が少ない。

ルワンダ南部の都、ブタレには、1963年に創立された大学（現ルワンダ国立大学）がある。アフリカの歴史と伝統について該博な知識を披露してくれる人たちとの意見交換はいつも刺激的であった。とりわけ、植民地化される前から、数世紀にわたって王国が存在し、アフリカ大陸の中心に開花していた文明の話を聞くことは、欧米中心の歴史観を相対化させるのみならず、アフリカの奥深い魅力に憑りつかれつつあった私の興味を強くそそった。私は、ほぼ毎月、この国を訪れるのを心から楽しみにしていた。

見通せなかったリスク

１９８７年から１９９０年の間に、日本の外務省により、毎年発刊されたＯＤＡ白書（開発協力白書）には、４年連続で次のような記述がある。

「73年に軍事クーデターにより政権を掌握したハビジャリマナ現大統領は、ツチ族（少数部族）、フツ族（多数部族）の両部族間の長年にわたる対立の融和及び経済社会開発、生活水準の促進に努力しており、ブルンディの場合と異なり政府と教会の関係も良好である。」

ちなみに、南の隣国ブルンディでは、１９６２年の独立後も、ツチとフツの両部族の間の政争が続き、１９７２年には、少数派でありながら支配階級であったツチ族に対するフツ族の反乱で、１万人のツチ族が殺害され、さらに、これに対する報復として、ツチ族の軍隊が10万人のフツ族を殺害するという事件が起こっていた。ルワンダにおいても、植民地化が始まって以来、ツチ族とフツ族の争いは、ほぼ周期的に起こっていたが、幸い、独立後、大規模な武力抗争は起こっていなかった。ドイツとベルギーによる統治の時代においては、両部族の対立は激化し、何度か凄惨を極める武力抗争が起こっていたが、それらは、独立前の過去の歴史として、認識すべきものだ、とルワンダの有識者からも聞かされていた。彼らによれば、両民族の対立と抗争は、植民地支配のプロセスにおいて助長されてきたツチ族重用の伝統に起因するものであり、独立後、この悪弊を乗り越えることがルワンダ国民共通の認識となっている、ということであった。しかし、国が発行する身分証明書に、ツチ、フツ、ツワなどの出自が相変わらず記載されているのはなぜか、という疑問に対して、彼らが答えてくれることはなかった。

「同じ歴史的ハンディを背負うブルンディは依然として危うく、他方で、ルワンダはなぜそれを乗り越えつつあるのか?」

今となってみれば、という話ではあるが、私には、ルワンダの社会の奥底に鬱積しつつあった怒りのマグマが見えていなかった。ルワンダ人の穏やかな表情の奥に潜む怒りや怨念は、私には見えていなかった。

史実は、常に警告を発していた。武力紛争が繰り返された過去の歴史を踏まえ、日本を含む国際社会は、ブルンディと同じ民族対立の火種を抱えるルワンダを見るときは常に、武力抗争再燃のリスクに対し注意を払おうとしていた。しかし、独立後の軌跡を見る限り、この国は安定化の方向に向かっているという見方が強かった。私自身、ルワンダやブルンディを訪れるたびに、それぞれの国の民族融和の努力に注意を払っていた、いや、少なくとも、注意を払っているつもりではいた。彼ら自身の民族融和の努力は着実に成果を挙げつつあると思っていた。日本を含む国際社会は彼らの努力に対する支援をこれからも続けていけばよい、と楽観していた。

ルワンダでは、毎週末、ウムガンガダという伝統的なコミュニティにおける勤労奉仕の習慣がある。「各地の村々では、ツチもフツも、さらに少数派のツワもみんな分け隔てなく一緒になって、草刈りをしたり、学校の整備をしたりしているよ」という話を聞き、実際に現場で様子を見させてもらった。時には、参加を許されて一緒に鎌で草を刈った。ブルンディでは、大きな会合や式典のたびに、大勢が輪になって両手をつなぎ、「皆で仲良く、建国に邁進しよう」と歌をうたう。私も両脇に並ぶ大男やがっしりとした体格のマダムと手をつなぎ、怪しい現地語で唱和していた。民族融和と発展を願う彼らの思いと、ささやかだがそれに参画し支援したいと思う自分自身の思いがひとつになって天に溶けていくようで、「開発」に関わる職業人としての喜びを味わっていた。

忍び寄る危機

この時期、ルワンダの経済と食糧事情は急速に悪化していた。１９８５年から１９９２年の間に、外貨獲得の主な手段であるコーヒーと紅茶の価格はそれぞれ72％と66％低下し、ルワンダ経済に大きな打撃を与えていた。農民一人当たりのカロリー摂取量は、１９８４年の２，０２５カロリーから１９９１年には１，５０９カロリーに激減。１９８０年代後半の旱魃により、飢饉が静かに、しかし、大規模かつ着実に進行していた。まさに、そのような時期に、私は、ルワンダを頻繁に訪れ、ルワンダの木々や花を愛で、丘を越えるさわやかな風に心を洗われ、新しくできた親日的で人懐っこい友人たちと、ルワンダの「明るい未来」を語り合っていた。

ルワンダの食糧事情の悪化に対処するために、日本は、農業・農村開発の分野での支援を強化していた。地方給水の支援に加え、農薬や農業機械など食糧増産のための支援も積極的に行っていた。さらに、ノンプロジェクト無償資金協力と呼ばれる使途を限定しない無償の資金協力も行われていた。ルワンダ政府は、このお金を、車や外国からの物資を輸入するための代金に充てていた。これらの支援も活用しながら、ルワンダは危機を乗り越えていってほしい、と私は願っていた。

１９９０年10月、ルワンダ愛国戦線（ＲＰＦ）が、ウガンダからルワンダに侵攻し、内戦が始まった。ＲＰＦは、１９６２年のルワンダ独立以来、フツ族によってルワンダを追われウガンダに避難していたツチ族によって組織されていた。後に大統領となるポール・カガメもＲＰＦのリーダーのひとりであった。

ＲＰＦの侵攻があって間もなく、ルワンダで活動していた日本の国際協力の関係者とその家族との連絡がとれなくなってしまった。私は領事や邦人保護に関する担当ではなかったが、先輩の大使館員Ｏさんとともに、隣国のブルンディにわたった。日本は、ブルンディとルワンダの双方の公共輸送分野において長年支援をしてきており、その一環として、バスも供与し、両国のバス公社にも顔が利く関係であった。キガリの空港はとっくに閉鎖されていたので、日本が供与した公共バスをブルンディで借りて陸路ルワンダ入りし、救出を目指すという計画を立てた。

領事のＳさんが、キンシャサのイスラエル大使館から特製の防弾チョッキを借りてきてくれた。ワイシャツの中に着込んでも目立たない。細かい炭素繊維でできた優れものだ。弾丸は、進行方向に対して垂直に高速で回転しながら進む。食い込む弾丸の回転を弱めることで弾丸が体中深く入り込むことを防ぐ。国境を通過するために、日本人であることをアピールすべく大小の日章旗も携えていった。銃撃された後に塗る高価な軟膏も支給された。必要なときにこれをポケットからとりだして塗布するような心理的な余裕が果たしてあるのか、と思ったが、ありがたく携行した。

翌日、ザイール東部からプロペラ機でブルンディの首都ブジュンブラに入る。ブジュンブラは、タンガニーカ湖の北東岸に面した小さな街だ。夕方、カバが湖から陸にあがり、夜中中、街中の草を食む。中心地の交差点で、最初に彼らに出くわしたときは驚いたが、丸いお尻のカバの母子が、まるで、信号待ちをしているような風情を遠目で見て癒された。しかし、今回は、心の余裕はない。高まる気持ちを抑えきれず、NOVOTELの小さなベッドで眠れぬ夜を過ごした。

朝早く、バス公社に行って、改めて事情を説明し、バスを借りる。そして、一路北のルワンダ国境へ向かう。しかし、ここを突破して陸路ルワンダ入りする、という当初の目論見は、あえなく頓挫した。いかに両国が親日的であったとはいえ、内戦の最中にこのようなことが成功する可能性はもともと皆無に等しい。当然と言えば当然の結果だが、万が一にも、という可能性に賭けたこと自体は、愚かな行為であったとは私は思っていない。007でもスーパーマンでもない普通の私たちができることを試みたというだけだ。バス公社に戻る道中で、シャツの中に着込んだ特製防弾チョッキを脱いだ。汗がしたたり落ちた。

ブルンディの首都ブジュンブラで情報収集に奔走している間に、安否確認の方が入る。ウガンダ国境沿いの村でベルギー軍に保護されたらしい。全身の力が抜ける感覚がした。

ＲＰＦの侵攻以来、３年近くの内戦が続いた。これまで日本を含む各国が競って国際協力を展開し、アフリカの「援助銀座」の様相を呈していたルワンダは様変わりした。日本を含む諸外国の開発支援は中断を余儀なくされた。毎月ルワンダを訪れ、皮膚感覚で国の様子を体感することはできなくなった。ルワンダに続いて、コンゴ共和国（ザイールの対岸の国。首都ブラザビル）、ブルンディで相次いで内乱が起こり、ザイールのモブツ政権が崩壊した。キンシャサからの在留邦人の脱出のために、大使館員は奔走した。私は、休暇で国外にいたために、その苦労を共にすることはできなかった。混乱と激務のさなかで、私の身の回り品や書籍を命からがら運び出してくれた当時の同僚たちへの感謝の気持ちは今でも忘れない。大使館は閉鎖され、私は任期を短縮し日本に帰った。

大虐殺前夜

１９９３年８月、３年にわたる内戦を経て、ルワンダのハビャリマナ政権（当時）とＲＰＦの間で和平合意が成立した。国連は、停戦監視を目的とする「国連ルワンダ支援団（UNAMIR）」を派遣した。しかし、和平合意の内容に対して、フツ過激派は納得せず、不穏な空気が蔓延していた。ラジオルワンダは、人々の分断と憎しみを煽るプロパガンダの手段と化していった。

「ゴキブリを殺せ」

ラジオから流れる直接的で残忍なメッセージに、ある人たちは洗脳され扇動され、ある人たちは恐怖に慄いた。

1994年4月6日、ハビャリマナ大統領が乗った飛行機が空港付近で撃墜された。これを機に、およそ100日に及ぶ殺戮行為が、フツ過激派とこれに同調した多くの「普通の」ルワンダ人により実行された。少数派のツチ族そして穏健派のフツ族の一部の80万人から100万人という命が奪われた。内戦の激化に歯止めをかけるべく期待されたUNAMIRは、まったく機能しなかった。その直前、ソマリアなどにおけるそれまでの国連による停戦監視のための努力が実を結ばなかったことが尾を引いていたという見方もある。しかし、私には、それが主な理由だとは思えない。あのとき、ルワンダで起こっていたことは、多くの豊かな国々の人々にとって、大した関係のないできごとであったのだ。それがいかに悲惨で人道上許されないようなことであったとしても、当時の欧米や日本、豊かな国々からは、はるかかなたのアフリカの小さな貧しい国で起こっていた、自分たちとは関係のない出来事なのだった。殺戮行為は、それからおよそ3カ月間、RPFがルワンダ全土を完全に制圧するまで続いた。

「ガチャチャ裁判」

２００４年４月、虐殺の悲劇から10年後、復興支援のために私は再びルワンダを訪れていた。10周年の記念式典があり、また、このタイミングに合わせて虐殺博物館もオープンしていた。キガリの牧歌的な風景は激変し、市街中心部各所でビルの建設が始まっていた。市中の幹線道路沿いや主な交差点には、「ガチャチャ裁判（Inkiko Gacaca）」の大きな看板が立てられていた。２００１年から導入された「ガチャチャ裁判」は、虐殺に関わった人たちを、通常の司法手続きによるのではなく、地域共同体のレベルで、民衆の意見に基づいて実施される裁判（的なもの）によって裁くプロセスである。

虐殺を巡る裁判手続きとしては、本来は、国際刑事裁判所とルワンダ国内の裁判所が主役となるところであった。国際刑事裁判所は虐殺を謀って扇動したリーダーたちを対象とした。国内の裁判所におけるプロセスは難航を極めた。ヒューマンライトウオッチによれば、１９９８年までにジェノサイドの容疑者13万人が1万2千人しか収容できない刑務所スペースに詰め込まれ、その結果、数千人の死者が出ていた。国内の裁判所による従来の司法手続きによって裁かれた人の数は1年で1、０００人にも満たなかった。また、そのほとんどが、「勝者による正義」という批判を免れるものではなく、裁かれた側、その家族たちにとって大きな不満が残るものであった。

「ガチャチャ裁判」は、このような事態をわずかでも緩和するために導入された、ということだが、実は、それ以上に深い意味があった。罪びとを裁くということを超えて、人々の間の和解を促進することであった。通常は、罪を犯したものに刑が科され、被害を及ぼしたものに賠償が命じられる。しかし、「ガチャチャ裁判」では、審議の過程で、加害者は「赦しを乞う」、被害者は「赦す」、という表現を用いることが強く推奨された。もちろん、このような言葉の使い方のみで、道徳的正義が回復するものではない。悲惨な過去が清算されるものでもない。また、共同体にある大きなピアプレッシャーの中で、多くの人々が不本意ながら「赦しを乞い」あるいは「赦す」という行為を余儀なくされたことであろう。しかし、このような試みが、満身創痍となった社会の和解と、和解をベースとした復興に大きな役割を果たした、と私は考えている。通常の、信賞必罰的な裁きの中では、正義はひとつである。そして、ほぼ例外なく、勝者の正義が社会の正義である。力を蓄え、力を発揮し、相手を力でねじ伏せた勝者の正義が社会の正義としてまかりとおる。そのプロセスを見せつけられた敗者はどうなるか? 一旦は恭順の意を示すかもしれないが、決して心底和解しようとはしない。再び自ら力をつけ、力関係を逆転し、自らの正義を社会の正義としてかざすことを密かに志す。実際に、ルワンダ、ブルンディをはじめ、植民地支配の残滓を引きずる開発途上地域や民族対立と抗争にさいなまれた国々のあちらこちらで、恨みつらみを晴らすための復讐劇が繰り返されている。「ガチャチャ裁判」は、このような一方的な正義の論理を振りかざすことなく、多元的な価値観を尊重した。少なくともそのための努力の一助とはなった。そして、紛争により先鋭化された対立について勝者の正義に基づいて白黒をつけるということではなく、対立の構造自体を否定し、その構造を和解に向けて遷移させようとした試みである。その結果、そのような和解の姿勢を「ガチャチャ裁判」というかたちで貫こうとした政府のリーダーシップに対して多くの信認が寄せられたのである。

キガリンガリの教会

2004年4月のルワンダ滞在中、私はどうしても訪ねたいところがあった。

1990年に訪ねたことのあるキガリ郊外の教会であった。そこでは、先に述べたウムガンダ（地域共同体の協働作業）がさかんに行われていた。ルワンダに対する経済協力を担当していた私は、その活動に参加させてもらったことがある。とにかく現場に出ることが楽しくて仕方がなかった駆け出しの実務者である私には、ウムガンダの活動は、コミュニティの人々の間の紐帯を強め、もしかしたら、民族融和さえも促進する可能性があるのでは、と思えた。あれから15年、虐殺から10年の歳月を経て、あのコミュニティがどうなっているのか、知りたかった。

キガリから車で、その地にたどり着いたときは、すでに正午に近く、日は高く昇っていた。森から流れてくる空気がひんやりとしていた。朝の農作業もひといきついたタイミングということなのか、人影はほとんどない。村の世話役が、村の中心部にある教会の跡地に案内してくれた。教会ではなく、教会の跡地である。

虐殺後、この数年間で、諸外国からの、おそらく何百という視察団や訪問客を相手にしてきたのであろう。世話役は10年前にこの教会で起こったことを淡々と話してくれた。昔、ここでウムガンダに参加したんだよ、と私が言ったときだけ、かすかに笑みを浮かべたが、すぐに無表情な語り口に戻った。

「1994年4月、フツの私兵たちが、鉈や鎌を手に、ツチを探して村中をうろついていた。私兵の多くは、村の外からやってきた人々や元軍属と思われる人々だった。彼らの人数は日増しに増えていった。この村で普通に農作業に勤しんでいた人たちが行動を共にするようになっていった。異様な雰囲気に包まれていく村の様子、ラジオから流れるメッセージを聴いて慄き、ツチの人々の恐怖は高まっていった。昼間は、私兵たちの目に触れるために動けない。かといって自分の家にいると彼らがいつ訪ねてくるかわからない。逃げ場を失ったツチの人々は、自宅を離れ、ひっそりと森蔭に身を隠すか、あるいは、穏健なフツの隣人を頼り、かくまってもらい、息をひそめていた。薪を炊くと居場所が知れるので、森で得られる草木や虫、たまに捕らえた小動物をそのまま食べることが飢えをしのぐ手段となった。『残された安全な場所は、教会しかない』、『教会に行けば命は助かる』という噂がどこからともなく次第に広まっていった。しかし、実は、その噂は、意図的に広められたものだった。着の身着のままで多くのツチたちが教会に集まってきた。あっという間に、礼拝堂は人で溢れた。『ここなら安心だ』、『やっと助かった』、建物の中が立錐の余地もないほど混み合い、安堵の声が教会の中で溢れた頃、教会は武装した人々に取り囲まれた。鉈と鎌による殺戮行為が開始された」

当時、ラジオや新聞などのローカルメディアの果たした役割は大きかった。数カ月前から、タブロイド紙カングラは、『フツの十戒』を発表し、ツチの女性と交際や結婚すべきでないこと、ツチに対する憐憫の情を捨てること、などを訴えていた。ラジオ・ミルコリンヌは、「殺せ、抹消しろ」と直接的で煽情的なメッセージを繰り返し流していた。私が大好きだった彼らの人懐っこい温厚な表情は、3年の内戦を経てどこに行ってしまっていたのだろうか？それとも、その温厚な装いは、実は、よそ者の外国人に対し、内面に潜む怨念を隠しとおすための仮面に過ぎなかったのであろうか？

最後の心のよりどころ、と自ら逃げ込んでいった教会において、しかも、同じように農業に精を出し、ウムガンダで助け合って作業をし、共に礼拝に臨んでいた、かつての隣人や

キガリ郊外の教会跡地に残された衣類

出所：筆者撮影。

キガリ郊外の教会祭壇跡地付近に安置された頭蓋骨

出所：筆者撮影。

知人たちの手にかかって惨殺された人々は、最期に何を思ったであろうか？　安置されている頭蓋骨の多くには、打撲や鋭利な刃による損傷の跡があった。子どものものと思われる小さな骨もあった。私には、かつて、この地で、ウムガンダに参加したときに握った鎌の感触がかすかな記憶の中に残っていた。このうえなく楽しく平和な思い出として残っていた。しかし、その感触を思い出すことさえ、今は、罪なことのように感じた。

カンボジアでは、ポルポト政権末期に、クメールルージュたちが、アンコールワットに逃げ込んで最後の抵抗を試みた。そして、あれから、20年も経たない間に、ルワンダでは、自分たちの信仰のよりどころに助けを求めて、自ら進んで逃げ込んだ人々の命が、共に信仰を育んでいた（はずの）人々によって奪われた。

ルワンダの選択

2017年、「アフリカ変革サミット（Transform Africa Summit）」がルワンダ政府の主催で開催された。この機会にルワンダを訪れたとき、キガリの街並みのさらなる変貌ぶりに驚いた。「ガチャチャ裁判」の看板は取り払われていた。街中が驚くほど綺麗だ。映画の「ホテル・ルワンダ」などで有名になったホテル・ミルコリンヌではなく、新しく建設されたキガリ・コンベンション・センターが会場となった。カタツムリのような姿は、斬新でありなが

キガリ・コンベンション・センター

出所：筆者撮影。

ら、どこか、アフリカらしくほのぼのした雰囲気を醸し出していた。

真新しい会議場でのオープニングセレモニーが終わり、舞台裏でのひと時、カガメ大統領が目の前にいた。式典が終わっても、なぜか立ち去らずに、出席した要人たちと談笑を始めたのである。広大なアフリカ大陸の真ん中にあって、とるにたらないほどの小国であるルワンダが、アフリカの未来を語る場となり、文字通りアフリカの希望の中心となりつつあることについて、正直、彼は嬉しかったのであろう。出席者の中でたった一人、アフリカの外から駆け付けた私にも話しかけてきた。

「今のルワンダをどう思うか?」

私は、1980年代からルワンダとの国際協力に関わってきた、と自己紹介したうえで、率直な意見を述べた。

2017年，ルワンダ政府主催のTransform Africa Summitの幕間で

右から，カガメ大統領，筆者，アフリカ最大の財閥を率いるナイジェリア人のアリコ・ダンゴテ，ルワンダのガテテ蔵相（当時）。
出所：JICA。

「貴国は、正しい選択をしたと思う。日本をはるかに上回る高い人口密度。人、人、人を除けば無い無い尽しの最貧国。東西南北どこからも海からはるかに遠い内陸国。山また山の国土、希少な可耕地。植民地時代の負の遺産としての度重なる民族抗争。そして大虐殺の傷跡。数々のハンディキャップを乗り越えるために、ルワンダに残された選択肢は極めて限られていた。貴国は、情報産業とそれを担う人財育成に着目した。将来を見据え、女子を含むこどもたちのＩＣＴ教育に力を注いだ。何もない、と思われる国で、ただひとつ、残されたもの、それは、知的資産、あるいは、知恵であり、貴国は、正しく、それに賭けた。そして、街を掃き清め、腐敗を一掃し、外国人のビジネスパーソンが安心して商売ができる環境を整えた。今、貴国の

復活劇、そして、アフリカ大陸における貴国のリーダーシップを、私は自分のことのように嬉しい思いで見つめている」

「ルワンダはこれからも多くの困難に対処しなければならない。しかし、女性も男性も、すべての人々の力を合わせて乗り越えていく。ちなみに、知っていると思うが、国会議員に占める女性の比率は、ルワンダは世界一位だよ。日本が望むなら、いつでもジェンダー政策アドバイザーを日本に派遣するよ。

それから、日本のこれまでの支援には感謝している。日本人は、始めるのは遅いが、いざ何かをやるとなると本当に信頼できる。ICTの分野でも引き続き世話になるよ。でも、これからは双方向で。ルワンダからも日本に借りを返していかないとね」

1994年の惨劇から四半世紀近くの時の流れを経てルワンダが主催した「アフリカ変革サミット」には、アフリカ各国からたくさんのICT関係閣僚の参加があった。彼らは、それぞれの国の試みからの学びを持ち寄り、将来の「ICT大陸」アフリカの夢を共有した。

当初、アフリカのリーダーを自認する大国は、小国ルワンダの「小さな成功物語」など歯牙にもかけなかった。しかし、虐殺10年後あたりからルワンダに対する外国直接投資が急増し、アフリカでトップクラスのビジネス環境を有すると世界中から認知されるにつれて、ルワンダの躍進ぶりに一目置くようになった。また、同じような厳しい地理的条件に制約され

ンセギマナICT担当大臣（当時）と

出所：JICA。

るアフリカの小国は、ルワンダをモデルとして自国の発展の夢を描こうとしている。不安定な周辺国との関係、困難な経済状況の中での厳しい舵取り、専制的といわれるリーダーシップに対する国内外からの根強い批判、課題山積の政局運営の日々で苦労が絶えないはずだとは思っていたが、そんな荒海の渦中にあってさえ、カガメ大統領は、自信を深めているようにみえた。

閣僚の起用にも実力主義と成果主義が徹底している。そして、とにかく、みんな若い。閣僚も30代から40代が主力である。ICT立国への道を実務的にリードするンセギマナ大臣（当時）は、就任早々、厳しい国の財政をやりくりして、パソコンを全児童に配布し、ICT教育の強化に努めてきた。政府が

ICT教育強化を開始し、小学校ではじめてパソコンに触ったこどもたちは、もう20歳前後になっている。大臣の日本への期待も強い。日本は、いまやICT先進国とはとうてい呼べない状態だが、上から目線ではない謙虚で繊細な日本のアプローチが気に入ったようだ。知り合ってすぐフェイスブック友達にもなった。

実は、日本は、ルワンダ政府のICT戦略の策定段階から深く関わってきている。ルワンダ経団連ICT商工会議所の設立やイノベーションセンターなどを含むICTエコシステムの整備や、民間活力によるイノベーションを引出すためのFabLabの開設などに関わってきた。また、神戸情報大学院大学（KIC）など日本の教育機関で実践的なICTトレーニングを受けた人たちもルワンダに戻って活躍を始めている。FabLabの3Dプリンターは、コロナ禍におけるマスク・シールドの製作などでも活用された。KICは、日本での知名度はあまり高くないが、ルワンダその他アフリカからの留学生によって、実は、アフリカの若者たちに結構知られた人気の留学先となっている。

2015年、ダボス会議で知られる世界経済フォーラムは、「グローバル・インフォメーション・テクノロジー・レポート」を発表し、その中で、ICT促進に最も成功した政府として、アラブ首長国連邦（第2位）、シンガポール（第3位）、ルクセンブルク（第4位）などを抑え、ルワンダを第1位に挙げた。ルワンダは、世界銀行の投資環境ランキング（Doing

Business 2018）では、191カ国中第41位、アフリカ諸国55カ国の中では観光立国モーリシャスについで第2位を占め、世界各地から投資を呼び込むことに成功している。ルワンダ政府は、外国資本が入りやすいようにさまざまな工夫を凝らしており、たとえば、会社設立は、インターネットを通じて6時間程度でできる。ちなみに、日本では、2021年になってようやく法人設立に関するオンラインワンストップサービスが導入されたが、それまでは株式会社の設立に関しては、3週間程度要していた。前世紀末までは世界に冠たる科学技術立国であり、また長年、多方面にわたりルワンダを支援してきた日本の方が、少なくともICTを活用したビジネス環境に限っていえば、すでにこのアフリカの小国の後塵を拝している。

もちろん、これらは、ルワンダのごく一面に過ぎない。たとえば、1歳未満の乳児死亡率に関しては、ルワンダは、改善傾向にあるものの依然として192カ国中、死亡率の高い国から順に数えて58位（2019年）で、日本と比べると15倍程度の開きがある。少なくとも3人に1人は初等教育を修了しておらず、大学への進学率は1割程度にとどまっている。同国の経済社会発展は緒に就いたばかりであり、いわゆる豊かな国の仲間入りを果たすまではまだまだ多くの課題を解決していかなければならない。

ルワンダの名目GDP（国内総生産）推移グラフ（1960～2020年）

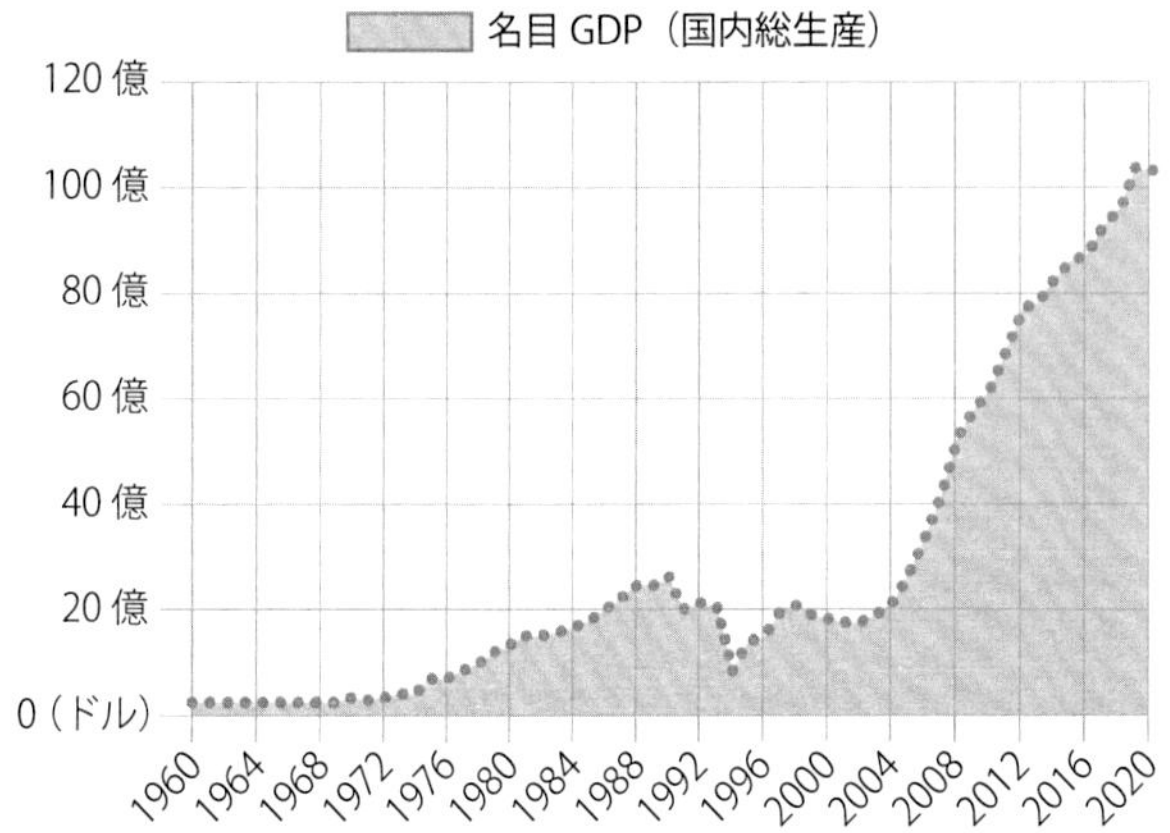

出所：世界銀行データを基にgraphtochart.com作成。

「逆説の開発論」？

ルワンダの復活と躍進ぶりを見ていると、国の「開発」を巡るいくつかの興味深い論点が浮かび上がってくる。

まずは、「資源の呪い（resource curse）」や「豊富さの逆説（paradox of plenty）」である。鉱物や石油などの非再生の天然資源が豊富である国ほど、工業化や経済成長が遅い、という逆説であり、これは、相当以前から開発学あるいは開発経済学において議論されていたことではある。確かに、ルワンダには人間を除き、資源らしい資源がない。天然資源のもたらす利益に胡坐をかいているわけにはいかない。資源を狙って収奪的なビジネスをしかけてくる外国資本もない。人間と人間が生み出す制度やネットワークで勝負するしか道がない。

次に、「内陸国の罠」である。一般に、海への出口がない内陸国は、貿易や投資の面で大きなハンディを背負っているために自国経済を開発の軌道に乗せることが難しいと言われてきた。現に、世界中の少なくとも44カ国の内陸国のうち、ルクセンブルク、リヒテンシュタイン、スイスなど豊かな欧州の国々に囲まれた内陸国を除けば、ほとんどが、より貧しい開発途上国（後発開発途上国）であり、国連その他の国際場裡においては、特別の配慮と支援が必要であるとされてきた。ルワンダは、２０２０年まで20年近く平均７％程度の高度経済成長を遂げてきている。未だ決して豊かであるとは言えず、また、２０２１年にはコロナ禍の影響等もあり一時後退したが、数年後の後発開発途上国卒業が視野に入りつつある。あくまでも仮説に過ぎないが、もし、ルワンダが内陸国でなく、多角的な産業展開が可能であったならば、希少な開発資金の相当部分が、港湾開発や回廊開発に割かれ、その結果、今のルワンダは無かったかもしれない。難しい状況であったからこそ、選択肢が極めて限られていたからこそ、情報産業とこれを支える人財育成への思い切った重点投資が可能となった、とも考えられる。

もちろん、ハンディをチャンスに転換しきれていないところもある。ルワンダの人口密度は、１平方キロ当たり５２５人というアフリカで最も高いレベルである。アフリカ平均（45

人）の10倍以上、日本の1・5倍以上である。さらに、山間地であること、つまり、農地としての利用が可能な肥沃な平地が極めて少ないというハンディを重ね合わせると、国民を食べさせていくことは容易ではない。現に、ルワンダは、これに対する危機感ゆえに復興過程においても大きな失敗をした。ルワンダは、ゲーツ財団が提唱し支援していた「アフリカ緑の革命のための同盟（ＡＧＲＡ）」の優等生として、特に、２００８年から２０１４年にかけて、国民一人当たりのカロリー摂取を大幅に増やすべく、農民に対する飴と鞭を駆使して、さまざまな伝統的作物からとうもろこしへの転換を推進し、結果として、カロリー摂取量の劇的改善を実現してみせた。当時担当していた辣腕のＫ農業大臣は、ＡＧＲＡ推進の旗手として、一時期、国際社会でもてはやされた。しかし、食料の多様性を犠牲にしたことによって、より深刻な健康問題が発生した。「隠れた飢え」が新たに進行し始めた。微量栄養素の欠乏を主因とする栄養不良の深刻化を招き、２００６年以降約10年間で、栄養不良の人の数は、40％以上増加した。これは、皮肉なことに、ルワンダ政府の政策遂行能力の高さを示すとも言えるが、当時の国際社会が推奨する誤った政策によって人々の暮らしや健康に甚大な被害を及ぼす結果がもたらされるという教訓でもある。このような曲折はあるにせよ、ルワンダ政府は、人口稠密であるという条件を産業開発においても活かそうと試み、労働集約度の比較的高い情報産業と、それをささえるべく、付加価値の高い労働力の育成に重点を置いた。この方向性は、貧しい国において人口が稠密であり、しかも、国内の移動が容易でない、という一見ハンディでしかない状況をチャンスとして生かすために、正しいものであったとも考えられる。

深い闇の中の小さな光

ルワンダでは、虐殺で夫を失った多くの寡婦たちが家族を支え、こどもたちを育てている。そんな寡婦たちと対話する機会を得たとき、私は、次のような質問を投げかけた。

「皆さんは、それぞれ大変な経験をして来られた。それでも明るくたくましく、家族をささえ、強く生きていらっしゃる。その原動力は何ですか?」

こどもたちへの愛と期待、家族の盾となって死んでいった夫との誓い、年老いていく親に対する義務感、など、さまざまなお話を聞かせてもらったあと、片隅でずっと静かにしていた小柄な女性と目が合った。彼女は、息を吸い、少し間をおいてから、こう言った。

「闇が深ければ深いほど、小さな光は、燦然と輝くのです。」

私は、一言で本質を射抜く、彼女の深い知性に敬意を表しながら、その言葉を心に刻んでおこうと思った。

そして、「ルワンダの奇跡」とも呼ばれる目覚ましい復興の秘密が少しわかったような気がした。

コラム1 COLUMN 世界初のドローン専用空港

ICT機能を満載したドローン専用の空港は，2016年，世界に先駆けてルワンダで開港された。シリコンバレー発のベンチャーであるZiplineが，アメリカの物流会社であるUPSや，こどもたちへのワクチンや医薬品の供給に関する世界的ネットワークである「ワクチンと予防接種のための世界同盟（GAVI）」と組んで，ルワンダ政府を全面的に支援している。

この世界初のドローン空港は，社会的に役立つ試みを積極的に推進するルワンダ政府の後押しにより実現した。開港当初，私が訪ねたときには，15台のドローンを1日平均10回程度，ほぼフル稼働させ，ルワンダ西部の21の病院の間で、血液製剤や医薬品の緊急輸送に活用していた。

このグライダー型のドローンは，GPSとナビゲーションシステムを活用し，悪天候のもとでも，80キロから100キロ程度で飛行し，一度に最大1.5キロの荷物を運ぶことができる。目的地で離着陸の操作は必要ない。物資の配達は，落下傘を使うが，半径5メートル以内の地点にほぼ正確に落下させることができる。

この山国で，陸路を行けば，片道で数時間，往復で丸一日かかる。しかし，ドローンを飛ばせば，15分から20分程度で大きな時間の節約になる。車，ガソリン代や人件費も大幅に縮減できた。

血液製剤を積んだグライダー式ドローンを発射する筆者

出所：内藤智之JICA専門員（当時）撮影。

逆境から見えてくるもの

ルワンダの復活劇は、まだ手放しでは喜べない。専制的な政治権力と対峙し、その陰で沸々とたぎるフツ族急進派の不満が閾値に達し爆発するリスクの顕在化を避けるための努力は、ルワンダの人々はもちろん、この国を支援する国際社会も、決して怠ってはいけない。ここで楽観視すれば、1980年代の過ちを繰り返すことになる。急速な復興と発展の恩恵にあずかることのできない人々が少なからずいるかもしれないという点を含め、引き続き注意深くこの国を見て関わっていく必要がある。しかし、少なくとも現時点において、この国が、内外のほとんどの人々の予想をはるかに超えて復活を遂げ、さらに、アフリカ発展の希望の星として、アフリカのみならず世界中から注目されているという事実から、私たちは多くを学ぶことができるかもしれない。

マウンテンゴリラなど、わずかな観光資源を除けば、何もない内陸の貧しい国。しかも、少ない可耕地に人口がひしめきあう小さな国。あると言えば、植民地時代の遺制としての民族対立と怨念の記憶のみ。たいていの為政者なら、その大変さを国際社会にアピールして、外国から開発援助資金をひっぱってくること以外に妙案無し、となったであろう。

しかし、カガメは違った。まず、徹底的な治安の回復をはかった。復興が体感できるように、とにかく街中を清潔にした。そのうえで、人々、とりわけ、女子を含む若者の教育に力を入れた。そして、地理的なハンディや運輸インフラのお粗末さを克服できる、ほぼ唯一の産業としてのＩＣＴ産業の発展に大胆に力を注いだ。その結果、ルワンダの人々のみならず、諸外国、とりわけ、ビジネスセクターの注目を浴びることになった。

貧困、武力紛争、人口圧力に伴う環境劣化、地理的なハンディなどの諸問題が積み重なる一方で、これらに対処するためのお金も人財も十分でない、という状況は、多かれ少なかれほとんどの貧しい国々が直面している状況である。そのような状況において、たいていの為政者は、これらの困難を列挙したうえで国際社会の積極的な支援を仰ぐ。しかし、現実には、希望通りの十分な支援は得られることなく、貧しさから抜け出すことができない。

虐殺から30年近くを経て現在進行中のルワンダの復活劇は、伝統的な「開発」思考から私たちが抜け出さなければならない、というメッセージを世界に発信しているのではないか、と私は思っている。

第3章　傲慢な開発

アフリカからアメリカへ

国際協力の仕事を始めて12年目、ワシントンDCに赴任することになった。仕事の最前線は、最も脆弱で貧しい国々、できればアフリカを中心に、と考えていた自分にとって、「先進国」アメリカへの赴任は、不本意だった。しかし、進行癌と戦う家族を連れていくことができる数少ない赴任先を提案された、ということで、今となっては当時の人事関係者に感謝している。娘たちは赴任時に7歳と3歳。アメリカでは可愛い盛りを満喫できた。国際協力や開発問題というと、当然のことながら、開発途上国が実務者にとって一番の「現場」となる。しかし、実は、アメリカやヨーロッパも重要だ。特に、国連本部があるニューヨークや、世界銀行、米国開発援助庁、米州開発銀行などがあるワシントンDCは、世界中の人々が集まって、「開発」の国際潮流を形成していく場である。そこは、自分たちこそが地球や世界のことを考え行動している、と自負する人たちで溢れかえっている。さまざまな人たちを磁石のように吸い寄せる力（Convening Power）に満ちた国際都市の役割は、コロナ禍を経てもこれからますます重要となってくる。

当時、私は、貧しい国々と向き合うことで本当の世界の全体像を知ることができるのだ、と固く信じていた。世界人口の８割強が開発途上国と呼ばれる地域に住む。日本にいると、海外のニュースのほとんどは未だ欧米発のニュースが大半であり、開発途上国の話は極わずかである。普通の日本人は開発途上国のことにあまり関心がない。たとえ、そこにどんなにたくさんの人々が暮らしていようと、自分たちとは大きく異なる遠い辺境のお話に過ぎない。そんな日本で国際協力の文化を根付かせるには、自分自身、もっと貧しい国のことを知りたいと思っていた。しかし、アメリカに3年間暮らして私の考えは少し変わった。

今、振り返ってみて、アメリカでの3年間は、私の家庭にとって良かったのみならず、私が「世界をよりよく知る」という意味で、貴重な学びの多い時間だったと思う。しかも、２００１年、赴任して半年後の9・11、そして、ＳＤＧｓの前身となった「ミレニアム開発目標（ＭＤＧｓ）」の成立という時代の節目に出会い、アメリカが変わり、世界が大きく変わっていくことを体感できたことは、世界を相手に仕事をしたいと若い時からあこがれていた私としては、幸運であった。

炎上する米国防総省ビル

出所：AFP＝時事。

9月11日

その日は、いつもより早く目が覚めた。8時には、ファラガット・ウエストのオフィスに出ていた。ワシントンDCと東京では昼夜が逆転しているので、朝一番に日本からのメールを読んで、その日のうちには打ち返す。日本とのやりとりに関しては、効率的に仕事ができていた。オフィスの窓から見下ろす通りには、いつもと同じように、車が数珠つながりになり、ラッシュアワーが始まったことを知らせていた。

普段は陽気な受付のスタッフが、顔を引きつらせて部屋に駆け込んできた。懸命に報告しようとするが、その場で泣き崩れる。午前8時46分、ニューヨークのワールドトレードセンターのノースタワーにアメリカン航空11便が激突。9時3分、ユナイテッド航空175便がサウスタワーに。9時38分、アメリカン航空77便がペンタゴンに。10時3分、ユナイテッド航空93便がペンシルバニア州に墜落。
ＪＩＣＡの米国事務所は、ホワイトハウスや議会議事堂からも近い。議会議事堂を目指していたといわれるユナイテッド航空墜落の報があった時点で、避難開始。しかし、こんな時に限って公用車がバッテリーあがりで使用不能。皆バラバラに徒歩で都心を離れる。東西南北すべての道は車で埋め尽くされ、まったく動きがとれない状態。ポトマック川を渡ってやっと一息。燃えさかるペンタゴンを左手に見ながら、西へ向かう。

それから三日三晩、安否確認オペレーションが続く。国際機関などへの出向者、長期留学をしている研修生、短期の出張者やアメリカ経由で中南米に向かう人たちなどについては、その日のうちに、全員安否が確認された。問題は、世界中の開発途上国の任地からアメリカに短期の予定で来ている人たちだ。研修や食料品の買い出し、あるいは休暇で訪れている援助関係者たち、公務員もいれば、民間企業や大学などから派遣されている人もいる。彼らは、日本が協力している１５０カ国を超える開発途上国で仕事をしているが、そこからいろんな理由でアメリカにやってくる。現場の事務所、日本の所属先、ご家族などとやりとりを重ね、ひとつひとつつぶしていく。最後に残ったのは、西アフリカの小さな国で技術協力に従事していた水産分野の専門家とご家族。ニューヨークにいるはずなのだが、13日になっても連絡がつかない。やはり、ワールドトレードセンターで巻き込まれたか…と諦めかけた。すると、

ニューヨークワールドトレードセンター跡地

出所：赤松武氏撮影。

その日の夕方、ブロードウエイ近くのホテルに滞在していることが判明。3日ぶりのビールが染みた。

アメリカの「プライド」

当時、私は、あご髭を生やし放題にしていた。「このご時世、そのスタイルはマジでやばい、床屋に行け。」

アメリカの友人から真顔で言われた。私は、放っておいた。案の定、9・11直後から、実にいろんな被害にあった。ホテルのトイレで用を足していると後ろから水をかけられた。街中の通りで、突然、正面から熱いココアのようなものをひっかけられたこともあった。髭面の外国人は敵意の対象となった。どんなに貧しい国、治安が悪いと言われている国に滞在しても、これほど立て続けに被害にあうことはそれまでなかった。それでも私は、髭を整えようとは思わなかった。

9・11がなぜ起こったか？　アメリカの人たちに、もっと真剣に、そしてできれば「内省的に」考えて欲しかった。屈辱を受けたアメリカではなく、困難から学び、学びから新しい時代を創っていく世界のリーダーとしてのアメリカの顔が見たかった。しかし、多くのアメリカ人たちは、まずは、復讐、あるいは反撃というかたちで、自分たちのプライドと正義を取り戻すことに必死であるように見えた。

受け入れがたい悲劇が起こると、人は、その悲しみや怒りのやり場をさがす。1923年の関東大震災では、「朝鮮人が井戸に毒をしかけた」などと流言飛語が飛び交い、在日の朝鮮人や中国人、そして、内地人でも聾唖者や地方から出稼ぎに来ていた人たちが、武装した民間人により殺害された。大震災によって死亡した人の総数の内、少なくとも1パーセントがこれらの殺害によるのではないか、とも言われている。9・11の場合、テロの首謀者や実行犯の出自や宗教が早々に特定された。世界一の強国アメリカにおいて、多様性に寛容な文化は影を潜めた。アメリカと世界の間の心理的な亀裂は着実に広がっているように感じた。

私は、ワシントンDCに隣接するバージニア州マックリーンから、最寄りの地下鉄の駅まで3マイル（4・8キロ）の道のりを自転車で通勤していた。自宅のあるマックリーンの丘に向かって最後の急坂を立ち漕ぎで上っていると、車が後ろからゆっくりと幅寄せしてきた。助手席と後部座席の男たちが銃のようなものを抱えている。減速して引き返すわけにも、加速して逃げるわけにも、道から外れて森に逃げ込むわけにもいかない。あっという間に、車が真横に来て、2つの銃口がぴったりと私に向けられた。

「もうだめだ。しかし、ここでは死にたくない」

と思った次の瞬間、銃口から、水が出てきた。男たちの笑い声が聞こえてきた。身動きのできない私に、容赦ない水の砲撃が浴びせられた。

「アフガニスタンへ帰れ、髭野郎!」

髭を伸ばし放題の私の風貌は、アフガニスタンのバーミヤン辺りに住むハザーラの人たちとよく似ていた。アフガニスタンにいったとき地元の人からも間違えられるほどだった。翌日も、水の砲撃を浴びせたその車は、私を待ち伏せていた。

この後、バージニア州で車の免許を取りに行ったら、州の役所でいやがらせを受けた。9・11実行犯のうち少なくとも3人は、同州で免許をとり、これを身分証明書として足がかりにして作戦遂行の下準備を進めたらしい。アジア・中東系の髭面には免許を取らせるな、との指令が出ているのかも、と思わせるくらい、免許の取得は困難を極めた。

「We are proud of being American!(私たちはアメリカ人であることを誇りに思う)」とアメ

リカのナショナルカラーの青と赤で大書したステッカーが飛ぶように売れた。街中の車が星条旗やこのステッカーをつけて走っていた。これをつけておかないと自分が嫌がらせをされるかもしれない、と思って買った人たちも少なからずいた。同調圧力は日本だけの問題ではない。

9・11は、アメリカ史上、国内で起こった最悪のテロ事件であった。米本土への外部勢力による攻撃という意味では、米英戦争時、1814年のイギリス軍によるワシントンDC襲撃以来、ほぼ2世紀ぶりの出来事であった。アメリカ人にとって、今回の衝撃の方がはるかに大きい。9・11に深く関わったアフガニスタンという国がどこにあるかさえ、アメリカ人の大多数は知らない。その存在さえ顧みようとしなかった貧しい辺境の地の国から来た人たちが世界一の豊かさと強さを誇る自分たちの国に襲いかかった、ということがアメリカ人の屈辱感を増幅させていた。テロの予兆を治安当局がつかんだときも、ビンラディンのメッセージがYouTubeで流れたときも、「洞窟の中に住んでいるようなあんな未開の連中は、恐れるに足らない」という認識が治安当局の中にさえあった。

しかし、このような悲劇さえ功罪共にある。すべて悪いことばかりではない。9・11は、それまで、世界人口の約8割を占める開発途上国のことなど見向きもしなかったアメリカを含む豊かな国々の多くの人々が、貧しい国、貧しい人々という存在、世界の貧困と格差の問題、そして、「開発」の問題に目を向ける契機にもなった。

アメリカの援助増額が向かったもうひとつの先は，より民主的な貧しい国々への支援である。民主主義的な価値観を共有し，その価値のために努力している国々，あるいは，「良い統治」，「経済的自由度」および「人への投資」の観点から望ましい政策を掲げ実施している国々に対する支援を強化するものであった。

9.11を契機としたアメリカの対外援助政策の大転換は，人道的な国際貢献ではなく，あくまでも自国の安全保障を強化するためのものであった。脆弱国を放置しておく限りにおいて，国際社会全体における不安定要因は消えることはなく，自国の安全が損なわれる恐れがある，自国の安全保障上，これらの不安定要因を取り除く必要がある，という認識に基づいていた。

1960年，ケネディ大統領（当時）は，歴代の大統領の中で，米国による対外援助政策の重要性を，米国外交史上最初に強調した大統領であるが，彼によれば，開発途上国の経済的な崩壊は，「私たちの国家安全にとって悲惨であり，私たちの繁栄にとって有害であり，そして，私たちの良心にとって不快である」と述べた。ケネディは，対外援助が国益に資することを繰り返し強調していた。最後の部分，「私たちの良心にとって不快である」という点に限っては，9.11直後のブッシュの演説において，繰り返されることはなかった。

ブッシュ政権による「3つのD」の考え方は，2009年に発足したオバマ大統領（当時）によっても踏襲された。オバマ大統領は，「開発」を，「国防」や「外交」とともに米国安全保障上の柱と位置づけ，2015年までに開発援助をさらに倍増するという目標を掲げた。これを機に，それまで「援助疲れ」と言われていた欧州の諸国も同様に開発援助を強化する方向に転じた。さらに，中国やインド，そしてブラジルなどが，それぞれの立場から，国際協力を本格化した。

コラム2 COLUMN 「国益」を守るための開発援助

2002年，ブッシュ大統領（当時）は，開発援助を大幅に増やすことを発表した。「3つのD」，すなわち，「防衛（Defense）」，「外交（Diplomacy）」と「開発（Development）」に対して三位一体で取組み，国の安全保障をさらに強化する決意を表明した。2000年に95億ドルであったアメリカの開発援助は，2005年には276億ドルに達し，わずか5年で3倍近くになった。日本もこの時期，援助を大幅に増やしたが，アメリカの援助額は，2005年に急増した日本の援助総額の2倍以上となった。

9.11は，アメリカ政府にとっても，普通のアメリカの人々にとっても，世界の開発問題，あるいは貧しい国々の存在をより身近に意識するきっかけとなった。アメリカ政府は，援助の増額分を2つに振り向けた。ひとつは，アフガニスタンやイラクなど，脆弱国と呼ばれる国々への支援の強化である。9.11以前は，これらの脆弱国では，政府もちゃんと機能しておらず，援助が無駄遣いされる可能性が高いので，アメリカを含む多くの援助国は，多額の援助に消極的であった。しかし，9.11で風向きが大きく変わった。これらの国々を放置しておくと自分たちの国の豊かで安全な生活が損なわれる，というのである。脆弱国とは，その国の政府が，貧困に対する政策を策定し実施する能力に欠けているか，あるいは，そもそもそのような意思のない国を指す。これらの国々に援助を行っても，お金が無駄に使われる可能性が高く，援助の効果が期待できないために，国際協力の実務者泣かせの国であった。しかし，これらの脆弱国においてこそ，人々の命は危機にさらされ，暮らしは困窮しており，支援が必要とされている。9.11は，そのようなジレンマを抱えながらも，脆弱国への支援を世界の中心課題のひとつとして光を当てる役割を果たした。➡

「開発」のターミナル

「あなた方は、傲慢な偽善者だ」

国際通貨基金（ＩＭＦ）と世界銀行の年次総会の時期に、ＩＭＦや世銀の近辺を歩くことには、ちょっとしたリスクがあった。総会期間中、さまざまなアドボカシー系の市民団体が、世界中から集まる。ＩＭＦや世銀の本部周辺に陣取って、アピールや抗議行動を展開する。そして、総会参加者と思われる人々に路上で議論をしかける。運が悪いと卵を投げつけられることもあった。影響力の強いＩＭＦや世界銀行のやり方を批判し、「世界はこうあるべきだ」という自らの主張を世界に向けて発信することが狙いである。

ＩＭＦと世界銀行は、第二次世界大戦後の世界経済を立て直すために設立された。ＩＭＦが短期的な経済の安定を、世界銀行が、長期的な経済の復興と開発を担当する。２つの本部は、ワシントンＤＣの中心部において隣接している。国際復興開発銀行（ＩＢＲＤ）、国際金融公社（ＩＦＣ）、国際開発協会（ＩＤＡ）、国際投資紛争解決センター（ＩＣＳＩＤ）、そして、多国間投資保証機関（ＭＩＧＡ）の５つの機関を総称して、世界銀行グループと呼ぶ。特に、世界銀行と言えば、このうちＩＢＲＤとＩＤＡの２つを指す。世界銀行は、その豊富な資金に加え、さまざまな開発課題についての優秀な専門人財を抱えている。「開発」の問題についての発信力の質と量の両面で、国連の諸機関と並んで、世界で最も影響力のある機関である。銀行といっても、単に、お金を扱うだけではない。国連諸機関とともに「開発」に関する世界中の情報のさまざまな集積と発信を担う「情報銀行」のような存在でもある。世界銀行の年次総会には、世界中から、国家元首あるいは少なくとも財務大臣クラスが参加する。総会に付随して多くのイベントが開催され、また、要人間の対話が短期間に集中して行われることから、「開発」に関する国際潮流を形成するうえでも、最も重要なイベントのひとつとなっている。多くのＮＧＯや市民団体も関心を持ち、この機会に、メディアの関心を惹きつけ、自分たちの主張を世界に届けようとするのである。

ちなみに、２０００年のＩＭＦ・世界銀行の総会は、ワシントンＤＣではなく、チェコのプラハで行われたが、会場に5、０００人の活動家がつめかけ、抗議行動を繰り返して会場を封鎖した。このため、チェコ政府は、会場直下の地下鉄の駅まで特別列車を走らせて要人らを脱出させた。日本から出席していた速水日銀総裁（当時）もその列車で救出されたようだ。２００２年の総会は、ワシントンＤＣで開催されたが、やはり、５、０００人規模の人々が集まり、６００人程度の逮捕者も出た。

路上の告発者

スタバの珈琲を片手にふらふらと歩いていた私は、市民団体の若者たちに呼び止められた。

ＪＩＣＡ米国事務所は、世界銀行の本部から2ブロック北にあった。プラカードをみると、環境保護団体のようだ。卵は持っていなさそうだ。汚い髭面に、東洋系の顔、それにネクタイで三つ揃い、という出で立ちが彼らの興味を惹いたのかもしれない。「アフガニスタン人か？」「インド人か？」「中国人か韓国人か？」、「一体何人だ？」私の国籍を確かめたうえで、たたみかけてきた。

「あなた方は傲慢な偽善者だ」

彼女は、自らを落ち着かせるかのように、三度繰り返したうえで続けた。

「日本を含む先進国は、自由貿易の名の下に開発途上国の資源を収奪し、環境を破壊し、貧しい人々の生活を犠牲にして、豊かな生活と恵まれた自然環境を享受している。日本は公害を克服した環境先進国？ などというが、環境負荷の大きいサプライチェーンの部分を開発途上国に転嫁しただけではないか？ 不公正と格差、そしてそれらを生み出す世界経済の構造はそのままにしておいて、貧しい国々に援助をしてやっていると偉そうな態度をとる。構造的な不公正のうえにあぐらをかいておきながら、ＧＤＰの1パーセントにも遠く及ばないわずかな国際協力でその義務を果たしていると思っているのか？ 地球環境の問題は、豊かな国の人々が、一人当たり換算で、地球の吸収能力を大幅に上回る温暖化ガスを排出していることによって生じている。地球温暖化の犯人は、明らかに、豊かな国の豊かな人々である。

開発途上国の問題ではない。その負担をなぜ世界全体で背負わなければならないのか？」

リーダー格の女性は、スペイン語なまりがあるが私よりはるかに流ちょうな英語でまくしたてる。褐色の肌と後ろで束ねた長い髪。そして情熱が溢れるような輝く瞳。私は、小柄な彼女の気迫に圧倒されていた。彼女は小学生の時にエルサルバドルから出稼ぎに来ていた両親に連れられてワシントンDCにやってきた。ワシントンDCではエルサルバドルからの移民や出稼ぎの大きなコミュニティがある。JICA事務所の掃除をしてくれる人も、隣の食料品店でサラダの量り売りをしてくれる人たちも、この国の出身だった。しかし、彼女は、アメリカで優れた高等教育を受け、しっかりとした世界観と自分の考えを持ち、それに基づいて具体的な行動をしている。その年頃の自分を思い起こし比べても、私には尊敬の念しか湧いてこない。

「あなたの言うとおりだと思う。自分たちさえよければほかはどうなっても構わないという人々が豊かな国で少なくないという現実はどうすれば変わるのだろうか？　世界は、豊かな国や豊かな人々の論理で動いている。『持続可能な開発』や『環境と開発の両立』などと国際会議では唱和するけど、彼らは自らがもっている既得権を決して手放さない。日本が国際開発に費やすお金は、世界第2位（当時）ではあるが、GDPあたりの比率では、0.3％を下回る（当時）。その支出に対してさえ、国内で未だに根強い抵抗がある。経済が長期低落傾向にあって日本が大変な時期に、世界のこと、ましてや、遠くの貧しい国々のことなんて、構っていられない、と主張する日本人も少なくない。日本のためか、世界のためか、どちらをとるか、といった二者択一の議論から抜け出せない。世界との関わりの中で、日本も変わっていく、という道筋がなかなか見えてこない。地球環境問題は、先進国の社会の仕組みや行動様式が変わらない限り解決しない。国際協力とは、もはや開発途上国支援のことではない。豊かな国から貧しい国に、まるで施しをするかのように何かを移転しておればよい、という時代は、もう終わった。資源収奪型の今の豊かな国は貧しい国のモデルにはならない。新しい時代における国の在り方とは？　自分は常に考えているが、答えが出ていない。みんなで考えたい」

コーヒーをこぼさないようにしながら、残った片手で彼らとハグをして別れた。

人的資本

その後、何度か、ワシントンDCに出張で戻る機会があった。特に、バングラデシュから帰国した2014年以降、私は、JICAで教育や保健の分野の事業を統括する立場にあったので、これらの分野で重要な国際会議などがあるときは、結構頻繁に出かけていった。その頃、世界銀行が、最も力を注いでいたアジェンダのひとつが、「人的資本（Human

Capital)」であり、とりわけ、「若者・こどもたちへの投資（Investing in youth/children）」であった。世界銀行のキャンペーンには、60カ国を超える国の政府が即座に賛同を表明した。世界銀行は、人的資本に関する各国の取組みを評価するための「（国別）人的資本指標（HCI：Human Capital Index）」を発表した。「開発」に関わる国際機関やシンクタンクなどが人々の注目を集めるためによく使う手であるが、先進国から開発途上国まで、世界の国々をずらりと並べて、どの国が最も優れた人的資本を有しているかを評価し、ランク付けをするのである。この類いの指標と言えば、国連開発計画（ＵＮＤＰ）による「人間開発指標（Human Development Index :HDI）」がよく知られていた。ＵＮＤＰのＨＤＩが、寿命と教育と所得の３つの側面を統合しているのに対し、世界銀行のＨＣＩは、あくまで人的資本への直接的な投資、つまり、健康と教育の側面に焦点を当てていた。そして、その投資が経済成長の手段として重要である、という主張をしたいのである。

この人間開発指標に関し、日本は、当初、シンガポール、香港に次いで3位と位置づけられた。僅差で韓国が続いた。優れた人的資本によって、社会が発展し経済が成長する、だから皆さん、人的資本により多く投資しましょう、という「投資家にとってわかりやすい」議論が広まることを世界銀行は狙っていた。しかし、日本が3位というのには少し驚いた。優れた人的資本を抱えながら、なぜ日本は長期にわたって停滞、いや凋落を続けるのか？　今でも腑に落ちていない。

指標のことはさておき、若い人たちにより多くの注意を振り向けるべきである、という主張自体は、何をいまさら、という感もあったが、私も強く賛同していた。日本は、ずっと昔から人造りを重視していた。1974年に設立されたJICAのスローガンは、「人造り、国造り、心のふれあい」であった。人造りなくして国の発展なし、というのは、日本自らの経験に基づく確信でもあった。

こどもたちへの投資

2017年、世銀が、人的資本に関する会合をやるので、日本からも誰か参加して欲しい、という話があった。財務省や外務省の人たちも忙しそうだった。また、人的資本というと、教育と保健、つまり役所的には、文科省と厚労省ということになるが、これもややこしいのでJICAということで私にお鉢が回っていた。いろんな国際会議に出たが、正直、国際会議は苦手だった。特に、何かを決めるわけでもなく、言いっぱなしで終わるトークショーのような会議は好きになれなかった。内心、いつもアウェイ感覚があった。

一連の会議日程も終わりに近づき、「こどもたちへの投資（Investing in Children）」に関し、主要な国と組織が勢揃いするラウンドテーブルにも参加することになった。天井が高く立派な会議室で。電光掲示板や液晶パネルもすべての方向から見られるように複数しつらえてある。ラウンドテーブルとは、笑点の大喜利か、歌舞伎の顔見せ興行のようなものである。ただ、そこで特に何かを決定するわけではない。偉い人も偉くない人も同じひとつの大きなテーブルに集まり、テーブルをぐるっと一周して、1人ずつ順番に、提示されたテーマについて対等の立場で好きなことを好きなように主張する。

どんなに上手なプレゼンであっても、自国や組織の自慢話と主催者への賛美歌が延々と続くとさすがに飽きてくる。司会役を務めていたB元英国首相は居眠りを始めた。時差もあるし、と同情したが、自分の順番を飛ばされかけたときには、さすがに私の眠気も吹き飛んだ。補佐官がスマートにメモを入れて、そのあと何事もなかったように私が指名された。そのとき、今度は、主催者席にいたユニセフのトップ、アンソニー・レイクが、中座しようとした。トイレをがまんしていたのであろう。私は、彼と特に親しいわけでもなかったが、順番が飛ばされかけたこともあって多少機嫌が悪かったので、テーブル越しに彼に向かって、こう言ってしまった。

「もし、『自然が許すなら（=トイレが切羽つまっていないなら）』、私の発言も聴いて欲しい」

アンソニーは座り直した。私は、彼に黙礼をしてから話し始めた。

愛を語る傲慢の極み

「『こどもたちへの投資』の目的は何でしょう？　私たちは、長年、少なくとも、第二次世界大戦後、復興と開発の本格的な議論が始まった前世紀半ばから、『人的資源』という言葉を使い、これを重視してきました。前世紀においては、『人的資源』への投資は、経済成長をもたらす優秀な労働力を確保するための手段でした。人、すなわち、労働力は『手段』であり、経済成長こそが目的でした。さて今日、『こどもたちへの投資』の目的は何でしょうか？　こどもたちという存在を、経済成長とか社会的発展の『手段』と位置付けるというロジックは、これは、今日的にも正しいことでしょうか？　人間が経済の手段となったとき、人間疎外を生み出し、人間の尊厳を冒すリスクをどう考えますか？　こどもたちが、『経済成長』や『開発』の『手段』ではなく、こどもたち自身を中心に据え、こどもたちが幸せになることを『目的』として、世界が、社会が、私たちが、そのためになすべきことについて議論することが、本筋であると思います」

「二点目。投資の中身は何でしょうか？　こどもたちにどんな投資をするのでしょうか？　教育ですか？　栄養ですか？　医療ですか？　それらを可能にするためのお金ですか？　これまでの皆さんの素晴らしいプレゼンで指摘されてきたように、もちろん、それらはすべて重要です。しかし、それらにも増して、より根源的で、より重要なことがあると私は考えます」

私の背後には、恵まれた環境にありながら人生を放棄しようとしていた16歳の「私」がいた。そして、そんな「私」を強く抱きしめ、この世に連れ戻した父がいた。父はこの出張の少し前に他界していた。

「私は、愛だと思うのです。どんなに辛く苦しい状況でも、こどもたちは、心から愛してくれる人がいれば、自分の存在を認める人がいれば、降りかかってくるたくさんの問題を自ら解決しながら、たくましく生きていこうとするのです。自分を肯定することではじめて、他者を受け入れ、信頼し、未来を信じることができます。一方で、どんなに経済的、物質的に満たされ、身体的に健康な状況であっても、自分を認め、愛してくれる人の存在を感じることがなければ、生きることさえ放棄してしまうこどもたちがこの世の中にたくさんいるのです。分断された世界の狭間に陥って敵意と争いに満ちた暮らしを送るこどもたちがたくさんいるのです。貧しい国でも豊かな国々でも、なぜ、こどもたちは自ら命を絶つのでしょうか？　生きることに惑い、呻吟し、漂流しているこどもたちが世界中にたくさんいます」

私は続けた。

「貧しい国のこどもたちにとっては、やはり、衣食住や教育が大切で、愛は贅沢でしょうか？　モノやお金が限られているこの世界で、世界の隅々まで、先進国並みの衣食住や教育を届けるために、一体私たちはあとどれだけ待つのでしょうか？　モノやお金に限りがあっても、愛には限りがありません。こどもたちのまわりの大人たちが助け合ってこどもたちに愛を注ぐ社会の仕組みを作るためにどれほどのお金がかかるでしょうか？　それぞれの社会がその気になりさえすれば、立派な病院や学校を作るよりもずっと早く実現するかもしれません。愛とか、幸せとか、それらは、極めて個人的な問題であり、（プロフェッショナルな）「開発」や国際協力の領域で議論すべきではないのではないか、と思われる方もいるかもしれません。確かに、愛は個人的、主観的なものです。しかし、愛は分かち合うことができます。多様な価値観と物質的限界の中で、こどもたちへの愛が世界の隅々にまで一刻も早く行き渡るための社会的な仕組み、世界の在り方を考え実践することこそが今、問われているのではないでしょうか？」

「この半世紀以上の間で、開発途上国のこどもたちを巡る経済社会的状況は大きく改善しました。しかし、世界中には、家族がいても、物質的に恵まれていても、愛がないために、自分を肯定して生きようとすることができないこどもたちがたくさんいるのです。豊かな国をモデルにしてそのようになることを目指して貧しい国々が努力をする、という時代はやがて完全に終わるでしょう。自分を認めることができず、人や社会を信じることができず、未来を信じることができないこどもたちが、果たして本当に豊かな社会を創っていけるのでしょうか？」

B元英国総理は、もう居眠りをしていなかったが、もう1人の司会役のH世銀副総裁が、そろそろ終わってくれ、という視線を投げかけた。

「『こどもへの投資』というスローガンを用いて、世界の投資家の注意をこどもたちに向けようとする世界銀行と皆さんに敬意を表し賛同します。そのうえで、より多くのこどもたちが、愛され、幸せを実感し、人々と未来を信頼し、希望をもって生きる社会のあり方について、真剣に考えていく必要があると私は考えます」

しらけた雰囲気が漂った。そのときの私はそう感じた。ヤラカシテしまった。落ち込んだ。

「このプロフェッショナルな集まりに、変な奴だ。そもそも『愛』なんて『開発』の問題ではない……」

そんな声が議場の各所から聞こえてくるような気がした。

「『開発』とか国際協力なんてもともと上から目線の傲慢な営みなんだ。そのうえに個々の人間の深い部分や愛のことにまで干渉しようとするなんて、傲慢の極みだ」

心の中で自分を責めた。バックシートをおそるおそる見渡した。幸いにして、ややこしそうなことを後で触れ回ったりしそうな日本の関係者はいないようだったので、ほっと息をついた。

主催者側を代表したH副総裁のラップアップでは、案の定、「愛」のことは一言も触れられなかった。彼は、40人近い他のほとんどの出席者の主張や論点をカバーする見事な総括をしてみせた。

「ちょっと最後に付け加えたいのだが…」

最後の挨拶はユニセフを代表してアンソニーがすることになっていた。ユニセフは、世銀と唱和して、この「こどもへの投資」を大いに推奨していた。こどもたちの議論で、ユニセフのトップの発言は、常に大きな注目を浴びる。

「少し前の話になるが、グアテマラの孤児院だったと思う。ユニセフは、そこでできる限りの支援をしていた。こどもたちにとって衣食住や学習に関する不自由はほとんど無かったと思う。立ち去ろうとしたとき、独りでポツンと佇んでいた少年が私を見た。私には、彼の瞳が、『孤独を叫んでいる』ように感じた。そして、私は、それに対して、何も応えることができなかった。『そこまでは私の仕事ではない』と半ば無意識に思っていたかもしれない」

私は、年上の大切な友人を新たに得たような気がした。会議が終わって、大きな楕円形のテーブルを半周し、アンソニーと軽く握手をした。

「トイレをがまんさせて申し訳なかった」

アンソニー・レイクは、アメリカの共和党と民主党の双方の政権で、国家安全保障に関する大統領補佐官を務めた。1970年代のアメリカのカンボジア侵攻を巡ってキッシンジャーと

シリア難民のこどもたちとアンソニー・レイク元ユニセフ事務局長

出所：©UNICEF/UN01443/Haidar.

対立し、ニクソン政権を去ったが、クリントン政権、オバマ政権を通じて、国家安全保障と外交の指南役として再び重用された。2010年、そんな彼が、ユニセフのトップとなったとき私を含め多くの人々は驚いた。外交や国家安全保障の専門家が、こどもたちの学びや健康について世界で最も影響力のある組織を仕切れるのか、と思った。しかし、実は、彼は、こどもという存在とその可能性を、真摯に見つめていた人であった。

2011年の東日本大震災の2カ月後、彼は、宮城県女川町の小中学校や避難センターを訪問し、こどもたちの声に耳を傾けた。2014年も。2015年も。彼は、こどもたちを単なる保護の対象、守るべき対象とは見ていなかった。彼はこどもたちこそが防災の主役になるべきだと考えていた。こどもたちの声に耳を傾けること、こどもたち自身が自らを守るための力をつけていくことの意義を世界に訴え続けた。いつ、どんな風に襲いかかってくるかわからない災害の脅威に対して、こどもたち自身が考え、自ら進んで行動することの大切さを、彼は東日本大震災から学んでいたのだ。

実は、この会議から数カ月後、彼とは東京で再会する。私の元ボス、JICAの北岡理事長（当時）との面談で、彼の発した一言が今でも記憶に残る。

「日本が、『人間の安全保障』を追求していたことに私は心から敬意を表していた。しかし、近年、日本は、これにあまり熱心でなくなってしまった。日本は、『人間の安全保障』を捨てたのか？」

「人間の安全保障」とは、人々の命と暮らしと尊厳を守ることを目的とし、そのために、人々を保護すると同時に、「人々自らが自らを守るための力をつけること」を支援しようと提唱する理念である。この理念が世界中に広められるのに最も大きな役割を果たしたのは日本であった。旧来、日本の外交は、対米追随外交とか、「受け身の（Reactive）」外交であるとか揶揄されてきたが、１９９０年代に、『人間の安全保障』を政策理念として打ち出したときの日本は、明らかにそれらの批判に当たらない能動的な外交を展開していた。当時の安保理改革の議論の進展を期待して、日本のリーダーシップを世界に向けてアピールしたいという思いもあったかもしれない。1997年、アジアの経済金融危機直後、日本の対外政策の理念として、「人間の安全保障」の理念を強く打ち出したのは、小渕恵三外務大臣（のちに首相）であった。その直後、この理念を広めるために、JICAの理事長としては北岡の前任となる緒方貞子が、最も重要な役割を果たした。そして、北岡は、アンソニーのこの言葉を引き金として、「人間の安全保障」の意義を今日的文脈において再評価し、このための日本の取組みをさらに強化しようと決意した。その結果、「人間の安全保障」は、今でも日本の対外政策、とりわけ国際協力の展開に際しての中心理念となっている。しかし、残念ながら、この理念が日本社会で広く知られるようにはならなかった。近年では、総理の施政方針演説に入ることもなくなり、政治家や政府関係者が言及することもめっきり少なくなってしまった。

「開発」に宿る傲慢

「開発」は、元来、善意の言葉である。しかし同時に、人間の知性の傲慢さが表れている言葉でもある。後の章でも触れるが、長い人類史の中で、この「開発」という言葉のもとに、さまざまな活動が行われてきた。世の中をより良くするための試み、社会を発展させるための試み、そのための国際協力とか、社会貢献活動とか、最近では、社会的起業とか、ESG投資とか、いろんなことが、「開発」のための営み、あるいは、社会をより良くするための人ということでもない。

2021年に日本で生まれたこどもの数は，前年比3.4%減，6年連続の減少となり，過去最低の81万人となった。2023年4月には，「こども家庭庁」が新設される。同庁は，超党派の「成育医療等基本法成立に向けた議員連盟」による議員立法として，2018年12月に成立した「成育基本法」に端を発する。当初，「子ども庁」であった案が，子育てにおける家庭の役割を重視すべきなどという意見を踏まえ，「こども家庭庁」という名称になった。同庁は，未来を担うこどもたちに関する政策を総合的に推進するための機関としての役割を担い，筆者もその活動に期待するところ大である。しかし，ドーナトの指摘する問題は，さらに根深い。未来を担うこどもたちが，それぞれ1つの人格として尊重されるためには，まずは，その母親（や父親）についても，子育てを担う親としての社会的認知にとどまらず，それぞれ独立した人格として尊重されることが前提となる。それによってはじめて，現世代に庇護され，現世代に従属する存在としての未来世代ではなく，現世代と対等の尊厳を未来世代が得ることになり，その結果，現世代と未来世代の間で対等かつより成熟した関係性が成り立つ。


為として行われてきた。それらは、たとえどんなに賢明かつ誠実に実行に移そうとしても、本質的に構造的に傲慢である。

まずは、自然に対する人類の傲慢さがある。人類は大自然や生態系を構成するたくさんの生き物のうちのたったひとつに過ぎず、自然に育まれ、自然の恩恵を受けて暮らしてきた。しかし、「開発」という言葉は、その自然を自分たちの都合の良いように変えようとす

コラム3 COLUMN 「母親となって後悔している」

イスラエルの社会学者，オルナ・ドーナトは，2008 年から 2013 年にかけて，「母親となって後悔している」23 人の母親との深い対話の結果を学術論文にまとめて発表した。この論文は，書籍として出版され，日本を含む世界各地で波紋を呼んでいる。ショッキングなタイトルとは裏腹に，論文は，こどもたちに対する愛に溢れている。同時に，この本は，これまでタブーとされていた「母親になって後悔する」という感情に居場所を与えている。23 人の母親たちは，それぞれのこどもたちを深く愛しており，「あなた（こども）を生んで後悔している」のではない。「母親となったことを後悔している」のである。母親たちの根底にあるのは，自分たちを，母親として（のみ）ではなく，独立した１つの人格として認めて欲しい，あるいは，自らそう認めて生きていきたい，ということなのかもしれない。もし，そうであるとするならば，単に，社会が，育児に伴うコストや苦痛の軽減を図るといった対策のみで母親たちが救われることにはならない。配偶者や家族やコミュニティが，母親を支援し，あるいは母親と連帯して，子育てに励めば問題は解決する，➚

るときに用いられる。

そして、他国や他人が目指すべき理想や目標を独善的に決めつけるという傲慢さがある。（私を含め）「開発」に関わる人々は、「開発」の遅れた国や社会に対して「開発」を支援する側の理想を押しつける。象徴的なのは、「開発途上国」という呼び方である。以前はこれらを「後進国」あるいは「低開発国」と呼んでおり、「開発途上国」と呼び変えるようになったのは善いことだと、多くの人々が思っている。しかし、「構造的な」傲慢さは変わっていない。この言葉を使うとき、人は、まず、開発途上国と呼ばれる貧しい国々を、自分たちの国とは劣った、かわいそうな存在として認識したがる。そして、それらの国が「開発」されるということは、善いことであり、尊い行いである、と勝手に考える。しかも、それらの国々が到達すべき理想や善の具体的な現れとして、あるいは、「開発」の目標として、私たちの住む豊かな国々の豊かな人々の状況をモデルとして無意識に想定している。つまり彼らの国々が私たちの国のようになっていくこと、あるいは近づいていくことを想定している。しかし、その裏で正直なところ、彼らが私たちを追い越していくことは、想定せず、また、望んでもいない。

（本書を含め）「開発」に関する書物や「開発」に関する組織の報告書などで、ほぼ例外なく議論されているのが、いわゆる「開発途上国」と「先進国」、あるいは、（国境に関わりなく）貧しい人々と豊かな人々のおかれた状況の対比である。両者にはこんなに隔たりが在り、格差が存在する。これを「開発」によって解消していかなければならない、という議論を展開する。その場合、自分たち、豊かな国の豊かな人々の優位性はゆるがない。しかし、そもそもの話、それぞれの国が目指す理想や目標を一体誰がどうやって決めるべきなのか？　少なくともそれらは他の国や人々が勝手に決めるべきものではないだろう。

さらに、それらの理想や目標に向かって進む道筋や方法についても「開発」を援助する側が勝手に決める、あるいは押しつけようとするという傾向がある。貧しい国は、未だ「開発」の途上（昔流に言えば、低開発の状態）にあり、かつ、その国は自力では「開発」が難しい、したがって、私たち豊かな国々やいわゆる国際社会は、その国の「開発」を支援して差し上げる…　しかし、そこでとどまらない。先進国や国際機関の豊富な経験値に基づき、その方法論も含め指南して差し上げる、というのである。たとえば、１９８０年代における経済の構造調整、そして、１９９０年代の民主化支援などは、世界の主な開発援助機関が主導した。ここで詳述は避けるが、これらは成功しなかった。そのやり方は、往々にして性急あるいは近視眼的であり、また社会的弱者への影響を顧みないという点で視野狭窄であり、今から振り返れば、反省すべきところが多々あった。

ちなみに、これらの点に関し、開発援助を始めた頃の日本は、他の援助国や国際機関と比べて多少は謙虚であった。援助は、あくまでも開発途上国の要望に応えて行うものである、という要請主義を日本は徹底していた。日本の開発協力の特長を説明するときに、「開発途上国の人々と同じ目線に立ち…」という表現が今でもよく用いられる。これは、世界が、特に欧米が、「上から目線」で開発途上国の「開発」に介入してきたのに対し、自分たちは違うよ、というメッセージである。日本の謙虚さは、国際社会から援助を受けていたころの記憶に由来する。そして、開発途上国の賢い人たちは、日本人が、外からこのように評されると大変喜ぶことをよく知っていたので、「同じ目線で」という類いの修辞は、日本の開発援助を讃える際に頻繁に使用される。たとえば、援助プロジェクトに関する式典などでは、ほぼ必ず日本への感謝を述べる際にこの修辞が用いられた。

しかし、これも、1980年代あたりから大きく変わり始めた。プロセスとしての要請主義は堅持されたが、日本が自国の発展に自信を深めていくにつれて、次第に積極型の支援に転向していった。1970年代の公害克服の経験や工場の生産性向上のためのカイゼンなど「日本の経験を生かした」国際協力の推進がもてはやされた。さらに、1990年代以降は、日本も国際潮流に敏感になり、開発事業の実施に際し開発途上国に対してより多くのことを要求するようになっていった。

1990年代、国際協力の業界では、こんな言葉が流行った。

「開発途上国の政府、人々を運転席（＝主役）に座らせて『開発』を推進しよう」

運転席？　それまで「開発」の運転席には一体誰が座っていたのだろうか？　そもそも、彼らの国造りは彼らが行うものであって、彼らが運転席に座ることは当たり前のことなのに、なぜわざわざそのような当たり前のことを、改めて言わなければならないのか？　もしかして、運転席にはほかのだれかが座っていたのか？

さらに、「『参加型開発』を促進しよう」というスローガンも頻繁に叫ばれた。参加型？「開発」の主役は元来そこの土地の人々ではないか？もともと彼らに「開発」のオーナーシップが帰属しているわけであって、ほかの誰かがオーナーシップをもってやっていることに彼らが「参加する」ということではないはずだ。本来、舞台の「主役」であるべき人に対して、一体誰が、あなたも「参加」してください、と言うだろうか？実は別に影の主役がいたのか？

誤解のないようにしたいが、これらのスローガンは、独善的になりがちな開発行為に反省を求め、それらを改めたい、という意図から出たものであった。しかし、それだからこそ、「開発」に内在する傲慢さ、その根深さを痛感させられる。

ちなみに、私が最初に出席した国際会議は、1999年、経済協力開発機構（OECD）の開発援助委員会（DAC）主催の専門家会合であったが、そのテーマは、「参加型開発とグッドガバナンス」だった。当時、OECDは、「先進国クラブ」とも呼ばれていたが、その会議で、（開発途上国の）「参加型開発」を議論するのに、開発途上国からの参加は、ケーススタディを提供するべく招致されたボリビア政府の役人1人であった。パリのお城を改造したOECDの会議場での会議は、私にとっては、特に欧州の人たちが、開発途上国という存在をどのように考えているのか、知るうえで大変参考になった。ただし、「そもそも『参加型開発』という修辞が表す思想的背景とはなにか?」などと会議の空気を読まない発言をする勇気は当時の新参者の私にはなかった。

これらの話を延々と述べたのは、「開発」はそもそも傲慢さを免れないのでやめるべきだ、という主張をするためではない。「開発」という行為に内在する傲慢さや偽善のリスクがほとんど回避できないものであったとしても、それらをしっかりと意識できるならば、これからの時代における「開発」の在り方を考える意義は、まだまだあると私は考えている。なぜなら、私は、「開発」という営為の中に、「人の世をより良くしたい」という人間の本質的な能動性、あるいは社会性にまだ何かしらの希望を感じるからである。「人と関わり続けていたい」、「未来とつながっていたい」、という人間の深く強い根源的な願望の発露を感じるからである。ただし、新しい時代の「開発」の在り方を突き詰めていくと、「開発」は、現在私たちがイメージしている「開発」ではなく、言葉としては「脱開発」と形容した方がふさわしいものとなるのかもしれない。

これらの話は、次々章で深めたい。次章では、その前に、そもそも、私たちの能動性の客体となる社会に関し、私たちは、どこまで見えているのか、何が見えていないのか、という点について少し触れたい。

第4章　目に見えないもの

星の王子様

「『ミレニアム開発目標（ＭＤＧｓ）』も悪くないんだけどね、大切なものは簡単には目に見えてこないのよね」

２００１年、２年後に自分の大ボスになる緒方貞子のコメントに、私は少し当惑していた。ニューヨークのステーキ屋で、マダムは、分厚いＴボーンステーキを勢いよく平らげたあと私にたたみかけた。私は、相づちを打ちながら、固い肉片と格闘していた。

「特に、社会科学においては、定量化、数値化に頼りすぎると、本当に大切なモノが見えなくなってくるリスクが高まる。数値化はもちろん便利だし、成果の管理を客観的で確かなエビデンス（証拠）に基づいて行うのが望ましいことは言うまでもない。しかし、そこで提示されるエビデンスや指標が、果たして本当に私たちが目指している価値を体現しているのか、常に注意深く検証していく必要がある。ＭＤＧｓで列挙された目標、その下に連なる指標は

（ODA）ミレニアム開発目標（MDGs）

8つの目標	
目標1：極度の貧困と飢餓の撲滅	目標1：妊産婦の健康の改善
目標2：初等教育の完全普及の達成	目標6：HIV／エイズ，マラリア，その他の疾病の蔓延の防止
目標3：ジェンダー平等推進と女性の地位向上	目標7：環境の持続可能性確保
目標4：乳幼児死亡率の削減	目標8：開発のためのグローバルなパートナーシップの推進

（注）ロゴは「特定非営利活動法人　ほっとけない　世界のまずしさ」が作成したもの。

出所：外務省（mofa.go.jp）.

たくさんあるが、それらのみによっては必ずしも見えてこないものをしっかりと見ていってほしい。」

戸惑いと歓迎

２０００年9月、ニューヨークの国連ミレニアムサミットで、「国連ミレニアム宣言」が採択された。「ミレニアム開発目標（MDGs: Millennium Development Goals）」は、この宣言を受けて２００1年に開発分野における国際社会共通の目標として策定されたもので、貧困や飢餓の撲滅など、世界が、開発途上国において、２０１5年までに達成すべき8つの目標のことを指す。

ＭＤＧｓは、今、世界が取り組んでいる「持続可能な開発目標（SDGs：Sustainable Development Goals）」の前身である。国際会議で、ＳＤＧｓはスモールサイズ（S）、MDGsはミディアムサイズ（M）という冗談（駄洒落？）を誰かが時折口にすることもあったが、MDGsは、目標やターゲットの数に関してSDGsよりはるかに小さい。また、SDGsは、日本や先進国を含む全世界の国々の目標であるのに対し、MDGsは、先進国における問題は扱わず、あくまでも開発途上国において達成されるべき目標である。しかし、全世界のすべての開発途上国を対象として、かつ、貧困、飢餓、教育、保健・医療、環境などの重要な開発課題を統合的に扱い、それぞれについてわかりやすい目標を定めた、という点で、MDGsは、人類史上初めての試みであり、画期的なものであった。

また、MDGsで掲げられたターゲットの多くは定量的であり、具体的に何をどの程度目指すのか、目標が達成できたかできなかったかを容易に知ることができるものであった。

MDGsが掲げた数値目標は、たとえば、次のようなものである。

・1990年と比較して1日の収入が1米ドル未満の人口比率を2015年までに半減する。
・1990年と比較して飢餓に苦しむ人口比率を2015年までに半減する。
・2015年までに世界中のすべての子どもが男女の区別なく初等教育の全課程を修了する。
・1990年と比較して5歳未満児の死亡率を2015年までに3分の1に削減する。
・1990年と比較して妊産婦の死亡率を2015年までに4分の1に削減する。

ＭＤＧｓができた直後、国連や国際協力の関係者の間でも、「ＭＤＧｓって何？」という感じがあった。一般の人にはほとんど知られておらず、当時の国際社会の関心は高くなかった。元来、開発途上国に関心の薄い日本で、ＭＤＧｓを知っている人は非常に少なかった。

実は、ＳＤＧｓの前身となったＭＤＧｓのさらに前身がある。「新国際開発戦略（IDTsあるいはIDGs: International Development Targets あるいはGoals）」である。これはＯＥＣＤ（経済協力開発機構）のＤＡＣ（開発援助委員会）で議論された。そこでは、日本が重要な役割を果たした。しかし、このことは、日本の政府部内でもほとんど知られていない。ましてや一般の日本人は知る由もない。ＯＥＣＤ本部、つまりパリで議論されたＩＤＧｓが大西洋を渡ってニューヨークでＭＤＧｓとなった。

ＭＤＧｓにどう向き合っていけばよいのか？　当初、関係者の間で戸惑いがあった。

「まともに考えると、こんなに野心的な開発目標がすべて達成できるわけがない。15年後、多くの目標が未達成に終わるだろう。ＭＤＧｓに熱心に関わって、いろいろとコミットして苦労し、挙げ句の果てに達成できなかったことの責任をとり、詰め腹を切らされるのは、非常にマズい。ＭＤＧｓとは、ほどほどの距離感で付き合っていけばよい」

そんな発言が、日本人の官僚のみならず、アメリカ人や国際機関で働く人たちからも漏れ聞かれた。これだけ書くと、何かとても不誠実なように聞こえるが、このような反応も実はある程度は仕方が無い話であった。第二次世界大戦後、「開発」に関し、たくさんの国際的なコミットメントがあった。その中には、各国が公の場で自ら約束するものもあれば、国際会議参加国のコンセンサスとして、各国の合意の下に発表されたものもあった。しかし、ほとんどは、言いっぱなしに終わっていた。「すべての子どもたちに教育を」とか「すべての人に医療サービスを」など、理想論に過ぎなかった。実際に達成されたものはほぼ皆無であった。したがって、ＭＤＧｓに対しても、同様の見方をする人は少なくなかった。

このようなＭＤＧｓに対する懐疑主義や距離感の一方で、こんな議論も流行った。

「ＸＸドルあれば、１人のこどもが小学校に行けるのです」

あるいは、

「すべての先進国が開発途上国、とりわけ後発の開発途上国のための支援を格段に増やし、年間ＸＸドル投入すればＭＤＧｓの実現はほぼ可能である」

「開発」のための国際協力を格段に強化するべきだと考えていた人たちにとって、具体的な数値目標と目標年次を掲げている国際的なコンセンサスとしてのＭＤＧｓは希望の星であった。ＭＤＧｓは、これまで泡のごとく消えていったたくさんの国際アジェンダとは異なる、いや、違うものとなってほしい、という強い期待感も一部にはあった。

この期待感に、９・11が重なった。前章で述べたとおり、米国が開発途上国の問題に再び熱心となった。イギリス、ドイツやフランスも、開発協力のための予算を大幅に増やした。中国やインドなどの新興国も国際協力を拡充した。

ＭＤＧｓが世に出て、「開発」に流れる資金が増えていく中で、冷戦構造崩壊後１９９０年代を通じて低迷していた国際協力は再び活気づいた。高学歴の優秀な若い人財が集まるようになり、協力の手法も年々洗練されていった。それまで、援助する国・機関や、開発の分野ごとに縦割りで実施されていたさまざまな事業が、開発途上国政府のオーナーシップと援助諸機関の間で強化されたパートナーシップの名の下に、統合的に実施されることが増えていった。

しかし、その渦中にあって、私は、何かしっくりといかないものを常に感じていた。国際機関の力を借りて、どこの国も似たような開発戦略と開発計画を策定し、似たような重点分野を特定し、似たような事業を似たようなやり方で粛々とひとつひとつ、回転焼きを作るかのように、あるいは、工場の生産ラインでパソコンを作るかのように、捌いていく。そして、その先のゴールには、ぼんやりと現在の豊かな国々のイメージがある。それらがもし百パーセントうまくいったとしても、日本を含む豊かな国々が、今、抱えている病や問題を再生産するに過ぎないかもしれない、などという議論がそこに入る余地はない。「開発」という行為に内在する傲慢さを顧みることは再び少なくなったような気がしていた。

国連安全保障理事会

出所：国連広報センター（unic.or.jp）。

「大切なものは、どうすれば見えてくるのだろうか？
私たちには、何が見えていて、何が見えていないのだろうか？」

大量破壊兵器

２００３年5月、私は、ＪＩＣＡ米国事務所のオフィスで、アメリカ人のスタッフたちと一緒に、国連の安全保障理事会におけるパウエル国務長官（当時）のプレゼンテーションを生中継で見ていた。アメリカ政府は、イラクが大量破壊兵器を保持しているという「決定的な」証拠があり、これを国連で明らかにすると事前に発表していた。パウエルの説明に世界が注目した。

「Mさん、パウエルの説明、どう思う？」

彼女は、私の方を向いてきっぱりと言った。

「これで、イラクが大量破壊兵器を所持しているということがはっきりとした」

事務所スタッフのMさん（当時）は、私が事務所の中で最も信頼する人物であった。政治学の博士号をとり、開発問題に関しても勉強熱心で、仕事は正確無比、性格も誠実で細かなところまで配慮が行き届き、非の打ちどころがなかった。タフな仕事であればあるほど、Mさんに相談することが多かった。また、彼女は、移動型民族ロマの研究で博士号を取得しており、研究者としても秀逸であった。しかし、パウエル国務長官の発言を聞いた直後の彼女の反応に、正直、私は耳を疑った。そして、あまり考えたくないことではあったが、彼女が、モスレムと対立関係にある宗教的民族的な背景を持つということが影響しているのか、とも疑った。私は、パウエルの説明に失望していた。私とまったく同じものをまったく同じ状況で見た彼女が、私と正反対の印象を抱き、正反対の状況認識に達した本当の理由はいまだにわからない。ちなみに、パウエルの説明を信じたアメリカ人は彼女1人ではない。米ギャラップ社の世論調査によると、アメリカの対イラク政策に関し、湾岸戦争の英雄であるパウエルを信用できる、としたアメリカ人は、63%であった。

この演説から6週間後、米軍によるイラク侵攻が行われた。さらに6週間後の5月、ブッシュ大統領は、「主要な戦闘作戦は終了した」と宣言した。アメリカが指摘した大量破壊兵器は見つからなかった。フセイン政権が国際テロ組織アルカイダと同盟関係にあるという確証も得られなかった。イラクに武力侵攻するという重要な決断を正当化したはずだった「決定的な証拠」の顛末について、アメリカ政府の説明責任は果たされなかった。イラク国内の治安は悪化し、経済的、社会的な混乱は増幅されていった。アメリカを中心とする有志連合の軍隊だけでは、イラクの安定は取り戻せない。終結宣言の後も武力闘争は継続し、２０１１年12月に米軍が完全撤収するまで武力闘争は続いた。民間人を含む犠牲者は、その概数さえわかっておらず、10万人とも１２０万人とも言われている。侵攻から20年、完全撤収から10年以上たった今も、散発的なテロ行為は続いている。

陸路、バグダッドへ

「イラクの復興支援の足がかりを作りたいので、バグダッドにしばらく行ってくれないか？」

アメリカに駐在している私は、きっと暇を持て余していると思われたのであろう。声がかかったのは、正直、嬉しかった。在米大使館で、一回限りの外交旅券を発行してもらった。英国事務所からイラクに応援出張していたＹさんと交代するかたちで、バグダッドに入ることになった。当時、２人の娘は、８歳と４歳。そして療養中の妻。少し、後ろ髪が引かれる思いもあったが、まあ、いつものこと、なんとかなるだろう、と気楽に考えていた。念のため、「護身用」にと、娘たちの写真を１枚もっていくことにした。写真は常時胸ポケットに入れておく。テロリストや暴漢にあって殺されそうになったときに、それを見せて、命乞いをするのである。この「護身用」写真の活用法は、アメリカの軍属の友人に教えてもらった。幸いイラクでもその後も実地で活用する機会はなかった。しかし、娘たちの写真をシャツの胸ポケットに入れているだけで不思議に元気がでるものだ。

2003年5月、イラクには、隣国ヨルダンから陸路で入ることになった。ヨルダンの首都アンマンで少し時間があったので、死海に行った。塩分濃度が30%近い水が皮膚に強烈に染みわたる。浮力が強いので身体の大半が水面の上に出る。稜線に沈む夕日を眺める。死海の海抜はマイナス430メートル。地球上で最も低い。地の底に沈んでいく夕日を記憶に刻み込んだ。これから会いに行くイラクの人たちの中にも、この夕日を見ている人がいるだろう。さて、どんな気持ちで彼らは夕日を見ているのだろう?

翌朝、周辺の在外公館から集められた外交官諸氏と合流し、バグダッドに向かう。皆さん相当ワイルドな感じでキャラが立っている。防弾車が用意されていた。厚さ5センチ近い防弾ガラスと鉄板で補強したベンツは確かに頑丈そうだが、この重量で果たして高速運転が可能か、と疑問に思う。

「ハイウエー上でも、遅い車は容赦なく襲われる。スピードは落とさず、140キロくらいを保っていく。特に、ファルージャあたりは、武装勢力に要注意」

イラク・ヨルダン国境で

出所：筆者撮影。

摂氏50度を優に超える炎天下を2時間爆走しつづけ、一番危険とされた地点で車はオーバーヒートした。高速道路の下に広がるファルージャの乾いた町並みを見下ろしながら、何人かで並んで立って用を足す。

米軍・有志連合軍の侵攻後、まだ2カ月も経っていないイラクの国内では、あちらこちらにサダム・フセインの肖像画が残っていた。国中に睨みを効かせるような肖像は、サダムの圧政を体感していない私のような異邦人にも威圧的であった。至る所にあるこの肖像のために、人々は日常生活において視覚的にも恐怖に苛まれていたのであろう。政権崩壊後、そんな人々がとった行動は、とりあえずのところ、サダムの目と心臓の部分を刳りぬくことだった。

「サダムの恐怖から自由になりたい」

ごく短期間，大使館の事務所となったホテル

出所：筆者撮影。

イラクの人々の声にならない声が聞こえてくるようだった。

ちなみに、日本が、対外政策の基本理念として掲げてきた「人間の安全保障」は、「欠乏からの自由」とともに、「恐怖からの自由」を謳う。サダムの肖像の目と心臓を刳りぬく行為には、「恐怖からの自由」を渇望する人々の思いが込められているかのように、私には見えた。

その後、イラクでテロが激化し、奥克彦と井ノ上正盛という2人の外交官が命を奪われることになる。しかし、少なくとも私の短い滞在中は、比較的自由に行動することが許された。バグダッドに着いてしばらくは、復興支援の足がかりを探る、という名目で、バグダッド市内を動き回った。リーダーの上村公使（当時）の明るく太っ腹な性格もあって、合宿生活のような

日々も和気藹々と楽しかった。要塞のような大使館がまだ出来ていなかったので、市中の小さなホテルの一棟に事務所が確保された。小さなドームが、打ち合わせスペースとなった。低く丸い天井の下で、声が奇妙に反響した。宇宙船の中にいるようだった。

視察、視察…

イラクは本来豊かな国であった。40年近く前、JICAに入って間もない頃、イラクから日本に技術研修にやってきた人たちのお世話をしたことがあった。みんな総じてプライドが高く、自分たちの技術水準に自信をもっていた。したがって、当時、日本が提供する研修の内容にも評価が厳しかった。「この前の大型建機の油圧の研修は良かったが、今度の小型農機の研修はレベルが低いので私には必要ない」などと担当の私を困らせたこともあった。しかし、久方ぶりのイラクに、1980年代当時の面影はなかった。長年の圧政と戦争のために、イラクの人々の暮らしや経済は極限まで落ち込んでいた。建設機械や医療の設備なども一昔二昔前のものをだましだまし使い込んでいた。

フセイン政権崩壊後、国際社会が本格的な復興支援を始めるに際して、日本は、昔、日本に招待したイラク人たちを集めた。彼らに復興支援の協力を仰ぎ、協力の足がかりとしようとした。並行して、協力の対象となりそうな病院や訓練・教育施設を訪ね歩いた。しかし、治安上の制約もあって、本格的な支援活動はなかなか開始できない。呼び集められた元研修員たちも、最初は好意的だったが、次第に遠のいていった。日本が繰り返し視察に行く受け入れ先の機関にも苛立ちがつのっているように思えた。

「視察、視察…　あなたたちは、何度もこの病院に偉い人たちを連れてきて、私たちの仕事を中断させる。そして一体いつ、何を、具体的にやってくれるというのか？」

日本からの要人視察に付き合って案内をしてくれた病院の院長が、苛立ちをぶちまけた。日本の開発援助に関し、初動の遅さはいつも課題であった（誤解の無いように付言すると、その後今日まで、日本は、資金面を含めイラクに対して相当規模の支援を継続して行っており、その成果は着実にイラクの復興に貢献している）。

院長が浴びせかける言葉を背に病院を出ると、出入り口は診察を待つ人々で埋め尽くされている。日本から偉い人たちが来たらしい、直訴して支援を取り付けたい、と思っている人たちもいる。ロジ担当の私が車列の誘導をするために彼らの前を通り抜けようとすると、少年を抱きかかえた父親が、最前列で待ち構えている。少年は涎を垂らし、目は反転し白目をむいている。

「お願いだ。日本の医療で、この子をなんとかしてやってほしい」

「ごめんなさい。今の私には何もできない。しかし、たとえ時間がかかっても日本は、イラ

当時はまだ崩壊したフセイン政権による紙幣が使われていた

出所：筆者撮影。

クの復興に寄り添っていく」

そう言いながら、ポケットにあったしわくちゃのお札を父親の手にねじ込む。サダム・フセインの肖像が印刷されたお札だ。

「すべては終わった。家に帰れ」

バグダッドの街は、荒れ果てていた。広場や目抜き通りの建物などに赤字で大書されていたメッセージは、イラクを「解放」したはずのアメリカや有志連合軍に対するものであった。

「All done. Go home.（すべては終わった。家に帰れ）」

フセイン政権が倒れ、圧政から自由になったことの喜びや解放感は、ほんの一瞬のものであった。電気や水などのライフラインが途絶え、下水やゴミが溢れる様は、直接目には見えないが、すさんでいく人々の心の中をそのまま映し出しているように私には見えた。

下水が溢れるバグダッド市内

出所：筆者撮影。

「欠乏からの自由」と「恐怖からの自由」。私たちはこの2つの自由を同時に勝ち取るために、「開発」のための国際協力を進める、ということになっている。しかし、困難で危険を伴う状況の中で、あらゆるものが朽ち果て、人々の心がすさんでいく中で、私たち普通の人間ができることは極めて限られている。

サドル・シティ

市内のテロは少しずつ増えていた。しかし、国連機関のオフィスが集まるエリア（国連コンパウンド）で大規模な爆破テロが起きるまで、外国人を狙ったテロはほとんどなかった。復興支援事業の拠点として、小さなホテルの一室を確保した。あまり目立たないように、ドアに小さなＪＩＣＡロゴのシールを貼った。人も雇い、体制づくりに精を出した。並行して、どこでどんな支援ができるか、現場を回りな

サドル・シティで掃除に精を出す若者

出所：筆者撮影。

から考えた。イラクではスンニ派のイスラム教徒が多数を占めるが、少数派であるシーア派のコミュニティもぜひ訪ねてみたかった。スンニ派のドライバーは、行くのを嫌がったが、ハイネケン3本を約束すると機嫌が直った。イラクに詳しい専門家も、シーア派の居住区に入るのは危険なので、くれぐれも気をつけるように、とアドバイスをくれた。

サドル・シティという、目的のエリアに入ったとたん、風景が変わった。街路が端まできっちりと掃き清められている。バグダッドのあちらこちらに散在していたゴミがここでは見当たらない。あふれ出した下水やどす黒い汚水の水たまりもない。コミュニティの中を巡ると、あちらこちらで、若者たちが掃除をしている。

「どうして掃除してるの？」

「長老たちから言われてやっている。前も今も、変わりはない。僕たちの役目だ」

「ここの治安はどうか？」

「治安？　何も心配はない。もし、何か盗まれたら、モスクに行けばいい。翌日には戻ってくるよ」

少年たちは淡々としている。

サドル・シティは、バグダッドの中でシーア派のコミュニティとしてよく知られていたが、特に貧しい地区のひとつであるとも言われていた。有志連合軍侵攻後、生活は困窮を極めていることだろう、と私は推測していた。しかし、私が実際に見たのは、戦乱の前後を通じ、おそらくいつもと変わらぬ、「平和な」コミュニティの姿であった。荒れ果てたバグダッドの中にあって、非常に表面的な印象論に過ぎないと思いつつも、数少ないオアシスのような空間であるとも感じた。

統計や報告書に書かれ、あるいは、多くの人々によって信じられている「事実」と「現実」は違うことが少なくない。情報の乏しい土地を巡ると、この違いに遭遇することは珍しいことでない。そして、そのたびに、現地を訪れてよかったと思う。統計上の貧しさと実際の人々の困窮の度合いは、必ずしも同じではない。また、実際の貧しさの度合いは、収入などの数値で語られることが多いが、秩序が保たれ、相互扶助の仕組みが機能しているところとそうでないところでは、人々の困窮の度合いに大きな違いがある。相互扶助の仕組みが機能しているコミュニティでは、人々は相当貧しくても助け合ってなんとか生きていける。その秩序に従う限りにおいて、人々は、「欠乏からの自由」と「恐怖からの自由」の双方をほぼ十分に保障される。そして、そのようなコミュニティの力は、中央政府や行政が十分に機能しなくなったときなど、困難な状況になってはじめて可視化されてくることが多い。これは、東日本大震災のときに日本も経験したことだ。「公助」の不足を補う「共助」がもたらす逞しさ、強靱さは、「公助」の仕組みが機能不全に陥り、あるいは崩壊したときに、より一層はっきりと「目に見える」かたちで現われてくる。そして、そこでは、善意の外来者も、そこの秩序に敬意を払う限りにおいて、安全を保障され、活動を許される。「人間の安全保障」の理念を実現するということは、単に、「公助」だけではなく、このようなコミュニティの力、人々の連帯の証としての「共助」の可能性を最大限に引出すことでもある。

しかし、その「現実」は、中にいる人々でさえ普段は感じることが難しい。外からは、なおさら見えない。さらに、「共助」の裏側に潜む暗い部分、権力者の放縦や人権の蹂躙など伝統社会の暗部はおそらく最後の最後まで見えない。

この地区を支援することは、よいアイデアかもしれないと私は思った。コミュニティの理解が得られたならば、協力の実務に携わる人たちの安全を確保することもできそうだった。

いつ殺されるかもしれない、テロに遭うかもしれないという危険にさらされながら、では、腰を据えてまっとうな仕事をすることもできない。軟弱だと言われても、比較的安全なところで、「希望の小島（Island of Hope）」をつくり、そこから徐々に復興支援を進め拡げていくというやり方を、日本はパレスチナ支援の時にも試みた。また、スンニ派だけではなく、シーア派の人々も支援するということで、宗派に関係なく、マイノリティーを含め人々を公平に支援する姿勢、理想論かもしれないが「誰一人取り残さない」という姿勢を示すということもできるのではないかと思った。

歴史のＩＦ

２０２２年になって、イラクから帰国したＪＩＣＡのＴさんに、この地区の近況を聞く機会があった。私が視察をしてから、20年近くの間に、地区の状況は大きく変わっていた。この地区を含むシーア派の集住地区の治安は乱れ、彼らとイラク政府の関係も悪化していた。隣国イランの影響もあるようだ。サドル・シティからイラク政府の機関に向かって迫撃砲が発射されることもあるという。

「歴史のＩＦ」にすぎないが、もし、２００３年、あのタイミングで、サドル・シティに、日本が積極的に入り込み、コミュニティと政府の間における信頼醸成や、シーア派とスンニ派の間の協働促進に一役買っていたらどうなっていただろうか？　両派の対立は歴史に深く根ざしており、そんな歴史にまったく馴染みのない日本人が介在したとしても一朝一夕に緩和できるものではない。小さなコミュニティ開発の試みを一所懸命やったとしても、大海の砂の一粒に過ぎなかったかもしれない。しかし、もし、あのとき、このような地区に対する支援を、国際社会がイラク政府やシーア派の人々と連携して、人々の「目に見える」かたちで、相当の規模をもって複数箇所で展開していたら、今頃イラクの状況はどうなっていただろうか？　そのような取り組みを長く、広く、根気強く続けることで、もしかしたら、人々の意識も少しずつ変わっていったのではないか、と今でも時折考える。

２００３年8月、市内の国連コンパウンドで大規模な爆破テロが発生した。セルジオ・デメロ国連代表はじめユニセフその他の国連機関の同僚たちなど、多くの命が失われた。デメロは、21歳で国連難民高等弁務官事務所（ＵＮＨＣＲ）に入り、世界の紛争地で調停や緊急復興支援のために活躍した。イラクには、復興支援を総合調整する切り札として国連から派遣された。ＵＮＨＣＲ時代は、緒方貞子からの信頼も厚かった。彼や同僚の命を奪った8月19日は、「世界人道の日」と名付けられた。新設したＪＩＣＡの連絡所のスタッフとして働いてくれていたイラク人女性も、たまたまそのときに書類を届けるために国連コンパウンドの受付近くにいて、片目を損傷した。

ジェリコは，ヨルダン川西岸地区の中でも特に平穏で，かつ開発ポテンシャルの大きい経済と交通の要衝である。周辺のヨルダン渓谷でできた農産物を加工し，隣国ヨルダンを経由して輸出し，あるいは，パレスチナ内の需要を満たすために，街の郊外に農産加工団地を建設することにした。建設にあたって，パレスチナ，イスラエル，ヨルダンと日本の四者が協議しながら進めるという枠組みが作られた。パレスチナ経済に裨益するのみならず，将来的には，イスラエルやヨルダンの人々にも裨益する。これらを通じて直接間接に，イスラエルとパレスチナの信頼醸成にも貢献することを狙った。さらに日本は，この街で，水・環境・エネルギーなどの分野でも支援も展開することにした。

2006 年，日本政府は，「平和と繁栄の回廊」構想を提唱した。従来から，日本は，中東和平には，健全なパレスチナ国家の樹立が不可欠であるとの考えを示してきたが，この構想は，日本として一歩踏み込んだ支援を行うという意思表示でもあった。JICA による一連のジェリコ開発事業は，この構想を具体的に示す好例となった。

実は，ジェリコ開発構想の検討を始めた段階では，国連機関や NGO の関係者から批判も受けた。当時は，より貧しい地域を優先的に支援すべきでは，という議論が根強かった。比較的恵まれている安全なジェリコを拠点とした開発支援は，これらのアプローチとは違っていた。しかし，紛争地帯で身を守る術をもたない開発実務者が，パレスチナにおいてインパクトのある支援をしたい，と考えたときに，安全で，かつ地域の発展の牽引車になるジェリコが最有力の選択肢となった。幸い，10 年を経て，この試みはさまざまな分野の事業の成果と相まって，パレスチナの社会経済を支えている。小さくても人々が希望を託すことのできるような「希望の小島」が少しずつ拡がっている。

コラム4 COLUMN 「希望の小島（Island of Hope）」を創る

パレスチナのヨルダン川西岸地区の都市，ジェリコ（Jeriko，アラビア語ではアリーハ）は，紀元前8000年来の世界最古の都市である。海抜マイナス258メートル。都市としては，世界で最も標高の低いところにある。ヨルダンに抜ける回廊の要所でもあり，パレスチナの経済を支えている。

この地域の発展には，日本も少なからず貢献している。2004年10月に緒方貞子を新理事長に迎えたJICAは，人間の安全保障の理念に基づき，貧困と武力紛争の双方に苛まれる国・地域への支援を強化していた。日本は，UNRWA（国連パレスチナ難民救済事業機関）などと協働しつつ母子保健などの分野で地道に協力を行っていたが，経済開発分野においてもインパクトのある支援が求められていた。

平和構築のための協力といえば，一刻も早く危険を覚悟して現地に入り，たとえ規模は小さくても，困った人々に直接裨益するような支援を迅速に展開する，というイメージが強かった。しかし，どんなに訓練を施し装備を固めたとしても，実際のところ，危険な土地で普通の生身の人間ができることには限界がある。そこで，JICAが注目したのが，ジェリコであった。➚

1万年以上にわたってジェリコを潤してきた湧き水

出所：筆者撮影。

結局のところ、私は、イラクで仕事らしい仕事は何もできぬままに、上村公使や大使館の猛者たちに別れを告げた。奥さんや井ノ上さんとはそれが最期の別れとなった。再び陸路でヨルダンに戻る途中、行き交う大型の軍用車を見ると鳥肌が立った。彼らが横からこちらに向かって砲撃を浴びせそうな気がした。すれ違うたびに車中で身を縮めた。安全なところに戻ろうとするときとなって初めて恐怖が襲ってくる。バグダッドにいたときは、なんともなかったのに不思議だった。

彼我のギャップ

アンマンに戻って、また、死海に行った。無事に戻って来れたことの安堵と、イラクの人々のために結局は何もできなかったことの後悔が入り交じった気分で、ぼんやりと夕日を眺めていた。この夕日を、私がバグダッドで逢った人たちは今、どんな思いで見つめているだろうか？　サドル・シティの少年たちは、何を思っているだろうか？

ニューヨークのステーキ屋で聞いたマダム緒方のつぶやきが再び聞こえてきた。

「大切なものは、簡単には目に見えてこないのよね」

世界は、ＭＤＧｓを共通の旗印に２０１５年に向けて動き出していた。教育と保健の分野では、多くの国や機関が競って新しいイニシアティブを打ち出していた。他方、相変わらず世界の各地で人権を蹂躙する圧政が跋扈していた。特に、冷戦構造崩壊後、伝統的な国際法が想定していた戦争とは異なるタイプの新しい武力紛争が急増し慢性化していた。宣戦布告も無ければ、交戦団体の認定もない。いつ始まって、いつ終わるともわからない武力紛争が、主に貧困地帯で頻発し、その多くは長期化している。イラクに限らない。オロモ、カーボデルガド、中央アフリカ、ナイジェリア、マリ、キヴ、イトゥリ、コロンビア、ダルフール、ボコハラム、シリア、ソマリア… 世界は後手後手に回っている。

カンボジアのキリングフィールドで見た白日夢を時折思い出した。

「時空を超える想像力をたくましくする。紛争や圧政、格差拡大などの火種に先回りして対処する。想像力が生み出すたくさんの選択肢の中には、超人でも聖人君子でもない普通の人々ができることが少なからずあるはずだ」

あのときは、確かにそう思ったし、今でもそう思っている。

「しかし、それらは、社会の現実と未来への道筋の双方が、少なくともある程度『見えている』ということが前提となるのではないか?」

短いイラクでの滞在を経て、自分の考えに少し修正を加えた。

ＭＤＧｓでは、とりあえず15年間という期間が設定された。問題解決のために割くことのできるお金や時間が極めて限られているという現実からすると、ＭＤＧｓのひとつひとつに地道に取り組んでいけばよい、ということではないかもしれない。人々の限られたパワーをどこに対してどのように使えばよいのか？　ＭＤＧｓは、目標相互の関係やさまざまな目標の達成に貢献する対応策の可能性についてほとんど何も語っていない。もし、『共通の処方箋』とも言える対策があるとしたら、それらは、どうすれば見えてくるだろう？

気がついたら夕日はとっくに姿を消して死海の水面が月明かりで黒く光っていた。

ワシントンＤＣのダレス空港に到着すると家族が迎えに来ていた。国際協力の仕事を始めておそらく４００回近くは海外出張に行ったと思うが、空港で家族に迎えてもらったのは後にも先にもこのときだけだった。髭も髪も伸び放題で普段より汚く臭くなった父親に、小さな娘たちが、駆け寄って飛びつく、抱き上げ、抱きしめる。娘たちの頬が柔らかい。しかし、そんな喜びもほんのつかの間。小さな家に帰って、夕飯の席では、ささいなことで口論が始まる。そして、私はその場にぽつんと取り残される。いつものありふれた日常に戻った。

イラクで貴重な経験をさせてもらった翌年、私は、ワシントンＤＣから東京に戻った。ＭＤＧｓは、年を追うごとに重要なアジェンダとみなされるようになっていった。「ＭＤＧｓとは適当な距離をおいた方がよい」と当初慎重だった人たちも、「ＭＤＧｓに自らの事業を紐づけると予算もつきやすく、国際場裡でも通りがよい。ＭＤＧｓへの貢献を『見える化』して、国際協力を加速させよう」と言い出し始めた。

世界が大きく「進歩」した15年間

2001年、MDGsが国際社会共通の目標として掲げられてから15年足らずの間に、世界は長足の進歩を遂げた。2015年7月、潘基文（バン・ギムン）国連事務総長（当時）は、「MDGs報告2015」を発表した。「極度の貧困をあと一世代でこの世からなくせるところまできた」、そして、「MDGsは歴史上最も成功した貧困撲滅運動になった」と成果を強調した。

開発途上国で極度の貧困に暮らす人々（1日1ドル25セント未満で暮らす人々）の割合は、MDGs策定時に目標達成算出の基準年となった1990年の47％から14％に減少した。極度の貧困にあえぐ人々の数は、1990年が19・26億人、1999年が17・51億人、そして、2015年が8・36億人と推移した。11億の人々が極度の貧困から脱したことになっている。MDGsが成立した2000年以降、貧困削減のスピードは明らかに加速した。MDGsの第一目標である「極度の貧困にあえぐ人の数を半減する」という目標は、目標年の2015年を待たずに達成された。同様に、飢餓あるいは栄養不良の人々の割合も、1990年との比較において、ほぼ半減した。ちなみに、日本を含む先進国における貧しい人々の人数や割合

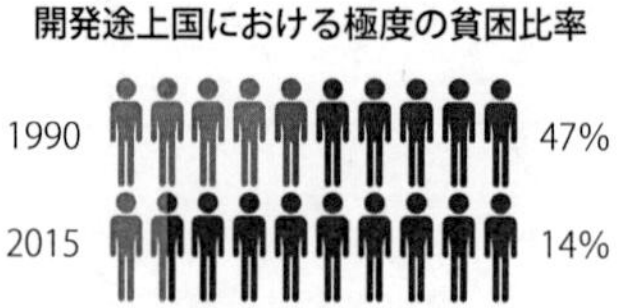

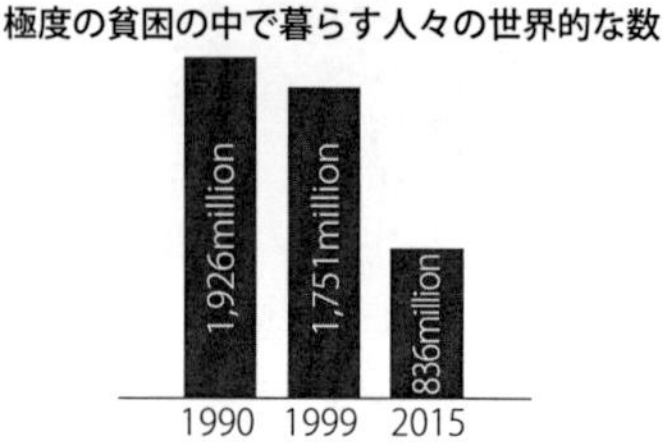

出所：MDG Report 2014（unic.or.jp).

は、ここではカウントされていない。

ＭＤＧｓの第１目標は、極度の貧困人口と飢餓人口の割合を半減するという目標に加えて、すべての人々が適切な仕事を得ることを目標に含めていたが、この目標は達成されなかった。２０１５年の時点で世界の約半数の労働者が未だ望ましくない環境の中で働いている。そのようにいくつかの重要な取りこぼしはあるものの、貧困と飢餓という重要な問題について、これほど短期間にこれほどの成果を挙げたことは、おそらく人類史上無かったことであり、その点では明らかに画期的であった。

しかし、ここで注意が必要である。ＭＤＧｓがあったからこそ、このような進歩がみられたのだ、という潘基文の発言は、正しくない可能性がある。少なくとも科学的ではない。因果関係と相関関係は明らかに別物である。終わってしまえば、もっともらしい顔をして何でも言える。実際のところ、第1目標の達成は、世紀の変わり目から、成長を加速し始めていた中国とインドの2カ国、とりわけ中国における貧困削減の成果によるところが大きかった。これらなしに、目標の達成はあり得なかった。すでに2001年の時点で、貧困削減の目標達成の成否は、中国とインド次第と言われていた。MDGsがなくても、おそらくこの2カ国は貧困と飢餓の削減に成功し、結果的に、世界中で極度の貧困にあえぐ人々の数は半減したかもしれない。もしそうなら、潘基文国連事務総長の言葉は、根拠なき我田引水にすぎなくなる。少々きつい言い方をするなら、世界を正しく「見ていない」ことを露呈したにすぎない。

教育と保健分野の進展

この15年間で、初等教育就学率は、83%から91%に改善された。目標の100%には達しなかったものの、大きな進展を見た。少なくとも学校に行けないこどもたちの割合は、ほぼ半減した。そして、こどもたちのおおよそ3人に2人は、初等教育を修了するようになった。

保健医療に関しては、5歳未満の死亡率について、改善のペースが加速し、千人あたり1990年の90人から、2015年には43人と半分以下に低下した。5歳を迎えるまでに死んでしまうこどもの割合が半減した。国連は、この15年間におけるいくつかの進歩の中で、リカと南・中央アジアでは８割に達している。

MDGsのゴール２「初等教育の完全普及の達成」は，「初等教育の全課程を修了する」ことを目標と掲げたが，学校の課程を修了したことになっていても実際には学んでいないこどもたちが低所得国においてたくさんいることがわかった。この課題を引き継いだSDGs（ゴール４）では，その気づきが生かされた。SDGsでは，学校に行ったかどうか，ではなく，「すべての人に質の高い教育を確保する」という表現に改められた。ただ，私は，これでもまだ不十分だと思っている。大切なのは，「教育を確保する」（＝人々に教育を授ける）ことではなく，人々が「学ぶ」ことなのだ。

数値化されている指標の多くが，必ずしも，目指す価値を正確に表しているとは限らない。むしろ，統計指標の多くは，代替指標（Proxy）であり，必ずしも直接的に価値の実現（ここでは「こどもの学び」）を表しているものではない。

学びの危機（その深刻度）

必要最低限の学力が身についていない子どもの割合

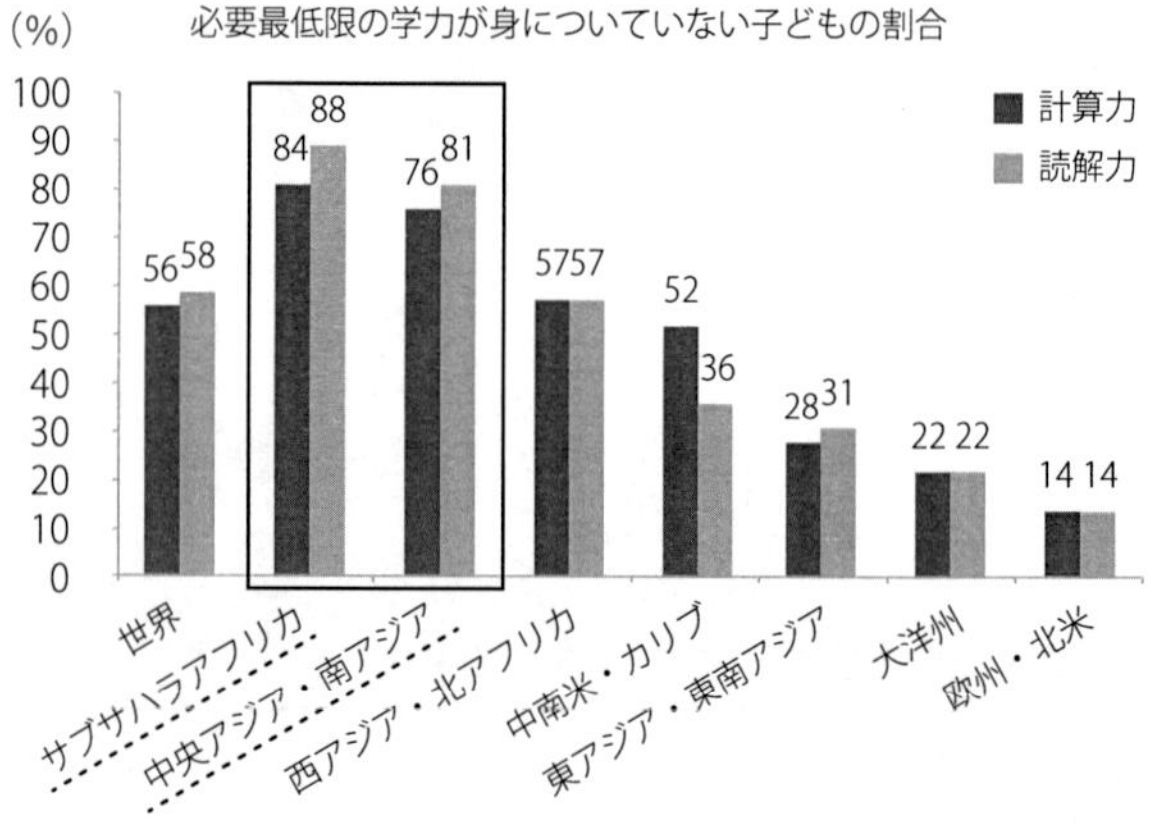

出所：JICA人間開発部作成。

コラム5 COLUMN 「ファクトフルネス」でも「見えないもの」

2018年，スウェーデンの公衆衛生学者で統計学者でもあるハンス・ロスリングが息子夫婦と著した『ファクトフルネス』という本は，世界の見方について貴重な示唆を与えている。実は，ハンスと私は，1980年代後半，ザイール（現在のコンゴ民主共和国）ですれ違っていた。ビル・ゲーツは，自分がこれまでに読んだ本の中でこの本が最も重要な本であると讃えた。私も，この本は素晴らしいと正直思う。

しかし，これほどの名著であっても，そこで用いられている数字やデータを通じて私たちは「現実」を誤って認識してしまうかもしれないのである。

「現在，低所得国に暮らす女子の何割が初等教育を修了するでしょうか？」

という問いかけからその本は始まっている。実は，この問いそのものが現実を見誤らせるリスクを秘めている。

何が問題か？

それは，「教育を修了する」（＝学校に通う）ということと，「学びを得る」ということを混同するリスクである。低所得の女子の6割が「初等教育を修了している」という「事実」を教えられて，多くの読者は，（もっと少ないと思ったが）「現実は自分が思ったほど悪くはないのだな，世界は進歩しているのだな」と思う。ところが，「現実」には，低所得国のこどもたちの多くは，「学ばずに」初等教育を修了している。学校に行ったことになってはいるけれど，最低限の読み書きと計算の能力を習得しないで，初等教育修了年齢に達している。2015年のユニセフの調べでは，基礎的な学力を習得していないこどもたちの割合は，先進国では1割強，大洋州では2割，東・東南アジアで3割，中南米で4割だが，中央アジア・北アフリカで6割近く，そして，サブサハラ・アフ ➚

5歳未満死亡率の半減を、人類史上最も偉大な成果として称えている。そして、エイズ、マラリアと結核に関しては、それぞれ少なくとも760万人、620万人、3,700万人の命が救われたことになっている。他方、妊産婦の死亡率削減については、改善は見られたものの目標には遠く及ばなかった。女性の雇用や政治参加に関して、男性との格差が残った。

グローバル・パートナーシップ

MDGsの総括に関し、最後に掲げられた目標（ゴール8）について少し補足しておこう。MDGsの最後、ゴール8は、開発のためのグローバル・パートナーシップであった。これは、第1から第7の目標と比べて異質である。先の7つの目標が、貧困、飢餓、教育、健康、環境など、人々の命や暮らしに直接関わることであるのに対し、ゴール8は、それらを達成するための手段や仕組みの構築を目標としている。具体的には、貿易、金融システムの構築や、最も貧しい国々とされる後発の開発途上国の特別なニーズに応えるための無枠・無関税措置や債務救済・取り消しプログラムの拡大、ODAの拡充などである。さらに、内陸国、島嶼国などへの対応、必須薬品、情報通信新技術など、多角的な観点から、国際的制度の改革やそのためのパートナーシップ強化の可能性に光を当てている。

しかし、このゴール8に関し、2015年に行われた国連の総括は極めて不完全なものに終わっている。国連のウエブサイトでも、断片的な記述しかない。MDGsを巡って世界中で繰り広げられた多岐にわたるパートナーシップ活動の15年間を総括したものとしては、驚くほど簡単であり、さまざまなパートナーシップの具体的な進展についてほとんど何も説明していない。ゴール1から7までの目標に関し、地域別の星取り表が作成されるなど、比較的細かい分析がなされているのと対照的である。

ODAに関しては、2000年から2014年の間に、世界全体で、実質66%増加し、1,352億ドルに達したとの発表があるが、このほかには、「携帯電話の契約数」（15年間でほぼ10倍）と「インターネットの普及率」（15年間で世界人口の6%から43%まで増加し、32億人が新たにグローバルネットワークにつながったこと）の2点が触れられているのみである。当初謳われていた貿易・金融システム、債務救済、後発開発途上国や島嶼国・内陸国への支援強化等の成果を含め、これらについては、少なくとも一般の人々が容易に知りうるかたちでは公表されていない。

MDGsはもはや過去のものであり、また、先進国を含まない開発途上国の諸課題に限定しての話であるから、この程度でよい、ということだったのかもしれない。しかし、花火は威勢良く打ち上げるが、その後始末はしない、顧みての評価はしない、ということであれば、これまでの数多くの国際アジェンダと変わらない。ゴール8は、低開発を生み出す構造について、それまで指摘されてきたさまざまな問題に改めて光を当てたかった開発途上国のガス抜きをしたに過ぎず、当初から、実現可能性や結果などどうでもよかったのかもしれない。

ポストMDGsに向けて

「MDGアジェンダの成功は、世界規模での取組みが機能していることを証明している。(これらは、) 2015年に採択される新たな開発目標の基盤となっている」

上述のMDGsに関する総括の中で、潘国連事務総長(当時)はこのように述べた。そして、残された課題として、「男女間の不平等」、「最貧困層と最富裕層、都市部と農村部の格差」、「気候変動と環境悪化」、「紛争」そして「未だ極度の貧困と飢餓にあえぐ8億人の生活改善」の5つを挙げている。

SDGsに向けての議論の中で、これらのうち一番大きな懸案として多くの人々が認識したのはおそらく「気候変動と環境悪化」であろう。2015年の二酸化炭素の排出量は、1990年との比較で50%以上増加した。気候変動が、単に伝統的な開発諸目標の実現にとって今後さらに大きな障害となることのみならず、人類社会の存亡に大きな影響を与える差し迫った脅威となることを示した。生物多様性の減少傾向にも歯止めをかけることができなかった。安全な飲み水を得られない人々の割合を半減することには成功したが、トイレを含む衛生設備やスラム人口などについても、大きな進展は見られなかった。また、これらの分野における達成状況を国や地域ごとに見ると、それぞれに大きな格差が見られた。特に、最も貧しく脆弱な人々が置き去りになっている状況も明らかになった。

2012年6月の「国連持続可能な開発会議」は、その20年前の1992年の「国連地球環境会議」「地球サミット」のフォローアップ会合でもあり、「リオ＋20」とも呼ばれる。そこでは、現在に至る地球環境への取組みや持続可能な開発についての考え方の基礎が作られた。さらに、この会議では、ポストMDGs、すなわち、SDGsについて政府間交渉を開始し、議論を本格化させることについて合意が形成された。この合意形成は、気候変動の問題により多くの関心が集まった結果であるとともに、MDGsの次にくるアジェンダは、開発途上国だけではなく先進国を巻き込んだものとならなければ意味がないと多くの人々が真剣に考え始める重要なきっかけでもあった。また、国と国の間の格差に加えて、豊かな国も貧しい国も、それぞれの国の中における格差にも、より多くの光が当てられるようになった。そして、これらが、SDGsにおける「誰一人取り残さない」というスローガンにつながっていった。

「大切なものは簡単には目に見えてこない。」

MDGsが生まれたとき、そして、ポストMDGsの議論がなされたとき、さらに、SDGsの実現に向けて国際社会も日本も努力を続けようとしている今日に至るまで、私たちは、常に、世界の問題とその問題解決に向けての進捗の双方を可視化する努力を続けてきた。そして、そのために、つまり、目標や目標達成に向けての進捗を客観的に理解するために、さまざまな指標を設け問題状況や進捗を数値化することにも腐心してきた。これらの努力は、今後ますます重要になってくる。しかし、その重要性が増せば増すほど、私たちは、数値化の限界や数値化によるリスクに対して、私たちの認識能力、あるいは、「ファクトフルネス」を高めていかなければならない。

それらのリスクの中には、少なくとも2つのリスクがある。まず、数値の意味を正しく理解せずに現実を誤って認識してしまうリスクである。そして、数値の達成が自己目的化して、本来目指すべき目標や価値が見えなくなってしまうリスクである。数値に目を奪われることによって、数値化は困難だが、社会変革にとって非常に重要な事象を見落としてしまうリスクである。残念なことだが、MDGsのときも、SDGsのときも、これらのリスクに十分な注意が払われたとはいえない。さまざまな事象について可能な限り数値化を試みよう、目標と進捗を「客観的に」可視化しよう、とする気運が強まる中で、数値化が難しい領域は隅に追いやられた。その結果、数値化された部分に対して、より多くの人々のより多くの注意が集まった。

これらのリスクを回避し、より望ましい価値をより望ましいかたちで実現しようとすること、そしてそのために最も適したかたちの目標設定をすることは、単にテクニカルな問題ではない。国際社会がこぞって目指すべき「より望ましい価値」の中身について、真剣に議論するなら、避けてとおることのできない問題であると私は考えている。人々が、他者と自分の間の違いを認め合い、相互に信頼し、そのうえで、未来とつながり、未来の世代を思いやる社会、こどもたちや社会的に弱者と言われる人たちが、認められ、愛され、尊厳を全うすることが出来る社会…　仮にそのような社会を実現したいと夢見たとき、そこに至る道程をどのようなかたちで可視化していくのか？　また、それらについてどの程度まで、指標化することが可能か？　諸指標の間にトレードオフや緊張関係があるときに、これらはどのように扱われるべきなのか？　私たちが用いることができる資源や時間が限られているときに、その配分はどうするのか？

これらは価値判断の問題であるが、その前提として、私たちの住む社会の構造や、「開発」という名における社会の変化をどのように見通すか、という私たちの深い洞察力を欠かすことができない。これまで、「開発」という概念のもとに、経済成長、平和から地球環境まで、ぼんやりと一括りにしてきたさまざまな課題の間の関係性について、より深く知ったうえで、最も根源的な変化をもたらしうる領域に対して、私たちの持つ希少な資源を投入していく必要がある。その結果、「開発」という営為の在り方を抜本的に見直す必要が生じてくるかもしれない。

次章では、この「開発」というものに対して、改めてその淵源を辿りつつ向き合ってみたい。

第5章　「開発」から「脱開発」へ

進歩史観と「開発」

人類は、日々進歩しており、歴史とはその過去の進歩の道筋を辿ることだと、私たちは無意識に思い込んでいないだろうか？　明日は今日よりも進歩していくのが当然だ、少なくとも、それを目指すべきだと信じ込んでいないであろうか？

歴史とは、本来、人間社会の進歩とは無関係な時の流れである。時の流れにつれて、個々の人間や人間の社会が過去のそれより優れたものになるという保障はどこにも必ずしもない。むしろ、時の流れを経て、私たちは多くの大切なものを失ってきたのではなかろうか？　虚心坦懐に、そして、多角的に、私たちの世界とその時の流れを見るならば、そこに無常を感じることはありこそすれ、絶えざる進歩を歴史の法則として見出すことは難しい。

しかし、私を含む多くの人々は、個々人のレベルにおいても社会のレベルにおいても、現在は過去よりも優れており、未来は現在よりも優れたものでなければならない、という観念にとりつかれて私たちの日常を生きている。また、歴史の中のごく短期間において、仮に、進歩のようなものがあるとしても、そのような進歩という名の下に、多くの犠牲が払われ、多くの貴重なものが失われてきた。変革の中心となり栄える地があれば、変革の犠牲となり、あるいは、変革から遠く取り残される周縁の地もある。進歩の旗印を掲げてやってきた人々から、長い年月をかけて培ったかけがえのない伝統や文化を破壊され富を収奪され、根絶やしにされることもある。進歩という名の変化の過程ではほぼ例外なくこれらの争いや収奪があり、勝者と敗者、強者と弱者の差異が生まれ、格差が顕在化する。偏狭と傲慢が跋扈し、圧迫と隷従が生まれる。

「開発」という言葉は、このような格差を伴う進歩史観を是認し、あるいは当然視する思考の中で育まれてきたのではないか、と私は考えている。

「世界が、少なくとも全体としては、良い方向に進歩していく、しかし、その進歩は往々にして跛行的であり、その過程で人と人の間、社会と社会の間で格差が生まれる」

おそらく相当多くの人々が今でもそのように考えているのであろう。

「開発」とは、これらの格差や後進性を是正しようとする理想主義的な善意から生まれたものである。しかし、実のところ、「開発」は、勝者や強者の価値や論理や文明を押しつけることには熱心であっても、敗者や弱者がかつてもっていたかけがえのない価値を喪失することの重大さには、ほとんど注意を払ってこなかった。

私は、40年近くにわたる職業人生を、この「開発」に関わり、「開発」を促進するための国際協力の実務に関わってきた。したがって、「開発」に対しては、正直、これを客観視できないほどの強い愛着がある。私の職業人生は、この「開発」のためにあった。しかし、今、人類史未曽有の転換点にあって、この言葉が、当然のごとく前提としていた歴史観や世界観が揺らいでいる、と私は感じている。その中で、「開発」の在り方、あるいは是非を根本的に問い直さなければならない、という危機意識を、かつてないほど強く感じるようになってきた。実は、このような危機意識は、まるで、地殻の深い割れ目から時折激しく吹き出すマグマのように、長い職業人生の節目節目で表出していた。それらのごく一部について前章までにおいて断片的に触れたところである。

この章では、私的な感傷や印象論はさておき、より巨視的な観点から、「開発」を巡る認識の変化や、「開発」に潜在する傲慢さや視野狭窄について批判的に考察する。そして、そこから、これからも私たちが用いるかもしれない「開発」概念の再構成について、あるいは、「脱開発」の可能性について問題提起を試みたい。そして、次章と最終章で触れる未来の「開発」やそのための国際アジェンダの在り方の議論につなげていきたい。

「開発」の起源

「develop」という英語は、古いフランス語の「desveloper」から派生した。この言葉は、包みが開かれ、中に入っていたものが、じわじわと出てくるという変化、あるいは、今まで何かに覆われていて見えなかったもの、才能や能力、あるいは画像や病気などが目に見えるようになってくるといったような変化を説明する言葉として用いられてきた。欧州言語文化圏におけるこの言葉のニュアンスは、仏教の言葉である「開発（かいほつ）」とも共鳴する。「開発（かいほつ）」とは、仏性を開き発せしめることであり、悟ることで真理に目覚めることでもある。仏性は、煩悩、迷いや妄想に埋もれている。この言葉は、これらを取り除いて、自分の中に眠る本来の仏性を発揮することである。

平安時代初期（9世紀初頭）、仏教の言葉とは異なる意味で「開発（かいはつ）」が用いられるようになった。たとえば、当時の律令を補完するために定められた三大格式などにおいてこの言葉が用いられているが、そこでは、「開発」とは、主に、荒れ地を切り開いて新田を創ることであった。その後、より広義には、自然に手を加えることによって、人間生活に役立つようにすること、という意味で、この言葉が使われるようになった。

欧州においては、18世紀後半以降に加速した産業革命の過程で、産業の「開発」、経済の「開発」などといった用例が定着していく。少し遅れて産業革命の波に乗った日本においても同様の変化を経る。明治以降、産業を興して天然資源を生活に役立つようにすること、つまり、天然資源の「開発」などという用例が定着していく。近代化の文脈における「開発」の概念あるいはイメージが東西を問わずグローバルに共有されていく。これまで、自然の一部であり、自然に育まれ、自然の中に存在した人類が、少なくとも認識の世界において、自らの存在を自然の外に置くようになった。自然を客体化し、自然に手を加え、自然を自分たちのために利用しようと試みるようになった。このような人類史上初の変化、いや、地球生態系史上初の変化が、「開発」という概念に大きなスペースを与えた。

そして、第二次世界大戦後、「開発」は、国際社会における重要なアジェンダとして認識されていく。ただし、そのプロセスは、緩やかに始まった。戦後秩序の最大の眼目は、「開発」ではなく、平和であり、戦争の惨禍からの復興と紛争の再発予防であった。「開発」は国際社会の中心課題ではなかった。１９４５年に制定された国連憲章では、世界の平和と安全を維持することが最重要課題であり、憲章の規定の多くがそのために割かれている。他方、「開発」に関すること、あるいは、「経済的、社会的な課題を解決すること」は、平和と安全に劣後する記述となっている。また、同年、世界経済を安定的に発展させていくためのブレトンウッズ体制の一翼を担うべく国際復興開発銀行（ＩＢＲＤ）が創立されたが、当初の主眼は、開発途上国の「開発」ではなく、まずは、欧州を含む世界経済を戦争の惨禍から「復興」させることであった。ちなみに、設立間もないＩＢＲＤの主な融資先は、フランスほか西ヨーロッパ諸国であった。日本も１９５０年代以降、東海道新幹線、東名高速、愛知用水、黒部ダムの建設などで同行から融資を受けた。

１９５１年、アジア・大洋州の開発途上国の「開発」を支援するためにコロンボプラン（正式名「アジアおよび大洋州の共同的経済社会開発のためのコロンボプラン」）が英連邦諸国以外の参加も得て、アジア・大洋州地域における「開発のための国際機関」として発足する。日本は、１９５４年にこのプランに加盟し、開発途上国（当時、「後進国」）のための国際協力を本格的に始めることとなった。この年は、開発途上国に対する日本の「政府開発援助」（ＯＤＡ）が開始された年であり、日本の国際協力、あるいは、国際開発協力の元年とも言われている。

１９６０年代、多くの植民地が独立し、新たに国連の加盟国となった国々が、国連において発言権を強めていく。これらの国々を自らの陣営に引き入れようとする東西冷戦が、「開発」を国際社会における中心課題のひとつに押し上げていく。「開発」を手助けするから、うちの陣営に入りなさい、ということである。１９６１年、アメリカの提案を受け、「（第一次）国連開発の十年」が定められ、開発途上国の経済成長について年率５％という目標が掲げられた。同年、欧州経済協力機構（ＯＥＥＣ）は、経済協力開発機構（ＯＥＣＤ）に改組され、

「欧州の復興」から、「世界の開発」を支援するための枠組みを担うこととなった。

揺らぐ進歩史観

本章冒頭でも触れたとおり、「開発」の根底には、「人類社会は、時の流れとともに、進歩している」という認識がある。そして、そのうえで、「開発」は、「世界中の国々、人々が、あまねくその進歩の果実を得られるように、（不合理な）格差を解消していくべきである」という考え方のもとに自らを正当化する。

しかし、改めて問いたい。

「人類は、時の流れとともに本当に進歩してきたのか？」

近年、相次ぐ考古学的な発見に伴い、狩猟採集社会から農耕社会への移行について、歴史家その他のアカデミアの評価が大きく変化してきている。特に、これまで農耕社会よりも劣っていたとされていた狩猟採集社会の再評価が進んでいる。埋葬された遺体の殺傷痕の多寡を対比し、農耕社会においては狩猟社会を大きく上回る暴力行為の存在を推定するという議論がある。農耕社会における貧富の差の拡大や、大多数の農民の疲弊、労働や生活の悪化、（選択肢の乏しい農産物の摂取による）健康・栄養状態の悪化などを指摘する議論もある。狩猟採集社会では、人々は自然の一部であり、自然と共生していた。自然からの恵みを賢く得ていくために、日々の暮らしでは自然に対する深い洞察が磨かれた。採集活動は、自然の恵みを絶やすことのない程度にとどめる必要があり、それを意識していた狩猟採集民の採集活動は、環境親和的であった。200万年を超えて培われた人類の生理に適った多様で健康的な食生活によって、農耕社会以降に蔓延したさまざまな疾患のリスクから自由であったという議論もある。

農耕社会から工業化社会への移行や産業の高度化についても同様である。工業化社会では、農耕社会にみられたコミュニティの紐帯などの多くの社会関係資本が消失した。日本では、農村の過疎化と疲弊によって、里山の維持は不可能になり、自然と共生する生活空間の多くが失われた。人々は、つながりを断ち切られた。「原子化」された個々人は、心のよりどころとしてのコミュニティやそのつながりの中で物質的にも精神的にも安定していた生活を喪失した。自然から隔絶された人工的空間における暮らしの中で、人々の感性は衰えた。食べていくために、自らの時間と労力を切り売りする労働者階級において人間疎外が進んだ。

さらに、工業化社会から情報化社会への移行に関しても同様である。インターネットその他のバーチャルな世界に依存しすぎることによって、リアルな生活感、人と人の直接的なつながりが持つ癒やしは失われた。ゲームやSNSに耽溺する子どもたちの情緒の発達は阻害される。氾濫する情報に翻弄され自分を見失い、あるいは、耳障りのよい情報にだけ囲まれて現実が見えなくなる人々が増えた。自分とは異なる意見をもつ人々への寛容は失われ、分断と対立が激化していった、などといった今日的状況に懸念を表明する議論も少なくない。

言うまでもないが、いたずらに懐古主義に溺れることは、人類の単線的な進歩を妄信することと同様にナイーブであり、避けるべきである。しかし、少なくとも、人類の歴史は、「進歩」や、進歩を促す「開発」などという言葉で片付けられるような単純なものではない。また、弁証法的歴史観や、らせん階段のように、曲折を経つつも、最終的には、必ず「上に」昇っていくようなものでもない。人類史上のいかなる変革期においても、変化がもたらしたものには、プラスのものもあれば、マイナスのものも必ず存在する。しかも、より根源的な問題として、何がプラスで何がマイナスか、そして、それらが誰にとっての評価か、などという点について、私たちは、歴史を通じて、あるいは、同時代においてさえも共通の尺度というものをもっていない。卑近な例として、たとえば、15世紀のはじめからおよそ200年間続いた「大航海の時代」は、日本では、一昔前まで、「新大陸を発見した時代」として、こどもたちに教えられた。1963年に、ラテンアメリカ文化の研究家である増田義郎が、「大航海の時代」という呼称を提唱するまでは、ヨーロッパの視点からは、新世界と呼ばれる未開の地域を開拓していった偉大な進歩の時代であると認識されていた。しかし、ヨーロッパの人々の襲来を受け、自ら築き上げてきた文明を破壊され、屈辱的な収奪を受け、隷従を強いられたアジア、アフリカや中南米、あるいは大洋州の人々にとってみれば、まさに暗黒と恐怖が始まった時代にほかならない。

1960年代以降、少なくとも半世紀以上の間、私たちは、「開発」という営為をほぼ無条件で「善」であると考え、世界中こぞってこれに邁進してきた。進歩史観に加えて、第二次世界大戦の原因ともなった帝国主義や植民地主義に対する豊かな国々の反省も影響している。欧米あるいは日本などの列強の利益のために、植民地を収奪し搾取し続けたことに対する贖罪の意味合いも込めて、「開発」は強い支持を得ていった。日本による周辺のアジア諸国に対する開発協力の多くは、戦後賠償に代替するかたちで開始された。収奪され搾取されてきた貧しい国々の国づくりを支えるという正統性をもった行為として「開発」が位置づけられていった。

そこにおいて、「開発」の目指すところは、貧しい国々が豊かな国々の状態に「近づく」ということであって、貧しい国々が豊かな国々を凌駕することは多くの場合想定されていない。「格差の解消」という謳い文句も、実は、「自由な」競争のためのインセンティブとしての格差は容認しており、また、優位にあるものの立場を、今、劣位にあるものに譲るということは想定されていない。解消が必要な格差とは、あくまでも、人道的観点から許しがたいような極端な格差に限られている。そして、「開発」が語られるとき、ほぼ例外なく、豊かな国が貧しい国の目指すべきモデルであり、そこに向かって、いかに効率的に到達するか、が多くの国々の関心事項であった。開発途上国、と呼ぶとき、その「開発」の行き着く先には、常に、先進国のイメージがあった。

これらの状況を背景に形成されたのが、経済成長を「開発」の主要目的として重視する考え方である。ケネディ大統領（当時）が提唱した「（第一次）国連開発の十年」は、国連初の開発戦略ともいえるが、ここでは、経済成長率5％という目標を達成するために、先進国が国民所得の1％を開発途上国の支援に充てるべきことも併せて謳っている。経済的に成長すれば、開発途上国は、先進国のようになれる、あるいは、少なくともそれに近づく、そして、そのためには、資金の移転が必要である、という考え方である。その後、援助という資金の移転に加えて、貿易や投資、環境、平和、あるいはガバナンスなどの概念が、開発営為の中に移入され、「開発」のための戦略は、年を経るにつれて多様化し精緻化してきた。しかし、大筋においては、単線的開発観に変化はない。「先進国（豊かな国）」、「開発途上国（貧しい国）」、「脆弱国」、「低所得国」、「中所得国」そして近年では「新興国」などという呼称で国々を分類し、さまざまな指標で、評価し、比べ、並べ直し、それぞれが「より優れた段階」に移行するための開発努力が続けられてきた。

先進国モデルの消失

今、コロナ禍や差し迫る地球環境の危機を迎えて、これまで半ば当然のことと考えていた「先進国モデル」あるいは「豊かな国々というお手本」が消失した。最も貧しい国から最も豊かな国まで、コロナ禍は容赦なく影響を与えた。しかも、これまでの多くの厄災とは異なり、むしろ、最も豊かな国々において、そして、その豊かさを象徴する都市部において、その被害は甚大であった。

コロナ禍は一過性でありえても、地球環境の危機はそうはいかない。今日の豊かな国々のライフスタイルを世界中の人々が踏襲すれば、ほぼ確実に地球環境は大きくそのバランスを崩すことも、私たちは知らされている。世界中の国々がお手本とすることができるような単一のモデルは、もはやどこにも存在しない。そして、これは、「より劣ったA地点」から、「(現存する)より優れたB地点」への移行を旨とする「開発」という行為がこれまで当然の前提としてきた枠組みを失ったということでもある。私たちは、今、何を目指して、どのような方向に進んでいけばよいのか、という問いに応える座標軸をもっていない。第二次世界大戦が終わって間もない頃、圧倒的な強さと豊かさを誇ったアメリカのライフスタイルは、多くの国の人々にとって憧れであり、目指すべき未来であった。しかし、今、私たちは、どんな未来を創っていけばよいか、目標を見失っている。少なくとも世界中で共有できるようなモデルは、もはや存在していない、つまり、私たちの目に見えていないのである。

このような議論に対して、多くの人々は、だからこそSDGsがあり、たとえ不完全であっても、その実現に向けて努力することが、少なくとも現代の国際社会のコンセンサスとして現に存在しているではないか、と考えるだろう。確かに、SDGsは、（開発途上国に限らず）全世界の開発に関する諸目標を可視化した人類の金字塔である。しかし、それでは、SDGsにある17の目標と169のターゲットの羅列が、本当に、私たちの未来設計図であると言えるだろうか？　第二次世界大戦以降からSDGsに至る「開発」営為は、あまりにも単純化された近代化論に基づいている。そこには、単線的進歩史観が底流にあり、勝者、強者の価値観や権益が正義や世界共通の価値観として讃えられている。功罪伴う歴史展開の多面性や複雑さを踏まえない歴史観の中で培われ、実践されてきた「開発」をそのまま今後も踏襲し実践し続けることで、私たちは、果たして、より良き未来を次世代に残すことができるのであろうか？

目標を喪失した傲慢な「開発」

「開発」の本質について、改めて整理しておきたい。

「開発」やそのための国際協力は、紛れもなく人類社会の善意に基づく行為である。しかし、同時に、そのスタート地点から、少なくとも2つの、本質的に傲慢な前提に基づいているのである。その前提が誤っている、と断定することは私にはできない。にもかかわらず、本書で「傲慢な」という否定的な形容をあえて使ってきたのは、「開発」が、未だ正しいと証明されていないことを、当然のこと、正しいことと断定してしまっている、という「開発」に内在する知的な未熟さに対する批判的態度を明らかにするためである。

さて、2つの「傲慢な」前提とは何か？

第一に、人類社会は、日々進歩している、これからもそれを目指さなければならない、という前提である。

第二に、進歩の過程で、より遅れた国々や人々は、より進んだ国々・人々のおかれた状況に近づくことを目指さなければならない、という前提である。

第二次大戦以降、1960年代以降の「開発」に関する国際社会の努力は、これらを前提として、継続され拡大されてきた。

第一の前提、人類は絶えず進歩してきている、という点については、そもそも進歩というものをどのように捉えるかという点を含め、さまざまな議論が可能であり、それらについて決着はついていない。他方、第二の前提、つまり、より進んだ国々・人々の状況が、より遅れた国々・人々のモデルあるいは到達目標になるかどうか、という点に関しては、先述のとおり、すでに、そうではない、そうなりえない、ということが明らかになりつつある。先進国モデルの消失を経て、目指すべき共通のゴールが存在しない時代に、私たちは突入しつつある。確かに、妊産婦や乳幼児の死亡率は低い方がよい、初等教育の修了率は高い方がよい、環境には優しい方がよい、暴力的な争いはない方がよい、経済的にはもちろん豊かな方がよい、などなど、各論で多くの人の賛同が得られる命題は存在する。しかし、それらの間の優先度やそれらを実現するための資源配分やそれらの成果の分配については、おそらく百家争鳴の状態となるであろう。

世界中の誰もが認める「総体としての理想郷」はどこにも存在しない。第二次世界大戦直後、おそらく多くの国々や人々が、アメリカのような豊かな国になり、アメリカ人のような生活を送ることに憧れたのかもしれない。あるいは、歴史が浅く、時に過剰に即物的あるいは拝金主義的なアメリカの文化に対するアンチテーゼとして、ヨーロッパへの憧れも少なからずあったであろう。いずれにせよ、「開発」は、これらの欧米社会をざっくりと一括りにして、これらの社会に近づくことを目標として設定し、そこに至る道程を歩もうとすることであった。

しかし、今、そのように考える人は激減した。少なくとも、皆がアメリカ人のようになれば、地球環境は、より確実に、より迅速に悲劇を迎えると多くの人々が理解している。アメリカ以外の豊かな国々にしても概ね同じである。

今、「開発」のモデルなき時代に入り、「開発」は、「目標なき手段」に成り下がりつつあるのかもしれない。SDGsに対する今後の取組みと、さらにその先を真剣に考えようとするとき、私は、まず、この「目標喪失の現実」を意識することが大切であると考えている。

進化する「開発」

「開発」というものに対する見方考え方が、時代の流れと共にどのように変化していったか? もう少し詳しく見てみよう。

国連初の本格的な開発戦略である「第一次国連開発の十年」は、1961年に提唱され、その後10年間において、経済成長率5%という目標を達成した。しかし、一人当たりの成長率に関しては、先進国の3・6%に対して、開発途上国は2・0%にとどまった。経済的な格差は縮小せず拡大した。国連貿易開発会議(UNCTAD)のプレビッシュ議長(当時)は、この十年を「挫折の十年」と断定した。

1966年、新たに独立を獲得し国連加盟国となった開発途上国からの強い要請を受け、国連は、開発途上国に対する技術協力を国連システムにおいて総合的に推進する機関として、国連開発計画(UNDP)を設立した。1969年、世界銀行に委託され、ピアソン元カナダ首相ほかによってとりまとめられた報告書「開発における共同作業（Partners in Development）」（通称「ピアソン報告」）は、開発途上国の問題の解決に向けて総合的に検討し、その後の国際開発協力に大きな影響を与えた。同報告では、南北問題を「経済開発の問題」として規定した一方で、その解決のためには、開発途上国と先進国の双方が、責任と役割意識をもって、共同事業として取り組まなければならない、と主張した。南北問題は、開発途上国のみの問題ではなく、世界経済全体の問題であるというのである。先進国は開発途上国に対し、チャリティや人道主義の観点から支援をするのではなく、「開発のパートナー」として取り組まなければならない、というのである。そのうえで、同報告は、「二十世紀中に『援助なき世界』を実現する」という展望を示した。

1970年、「第二次国連開発の十年」が制定され、開発途上国の経済成長率年率を6％に引き上げ、一人当たりの経済成長率を3・5％に引き上げる目標が設定された。1972年、国連人間環境会議がストックホルムで開催され、国連環境計画（UNEP）が設立された。1975年、OECDでは、多国籍企業による「開発」や環境に影響を与える行動を規制するために、「多国籍企業行動指針」が制定された。これは、「開発」の問題に関し、民間企業の影響と責任について、国際世論の注意を喚起しようとした試みの先駆けとして画期的なものであった。

1980年に採択された「第三次国連開発の十年」では、経済成長に関する野心的な目標（開発途上国の経済成長率7％、一人当たり経済成長率4・5％）が設定されたが、現実との乖離は大きかった。経済成長率に関する数値目標の設定はこれが最後となった。加えて、第三次では、貧困削減やそのための基礎的な生活ニーズを充足するためのアプローチ（BHN：Basic Human Needs）に光が当てられた。先進国に追いつくということは当面現実的ではなく、困難であるというのなら、せめて、最低限の人間らしい生活を実現しようというのである。

1980年代、このBHNという概念は、開発業界を席巻した。ほとんどの開発援助事業の企画書には、当該事業の必要性を確認する箇所において、「BHNに資する」という記述が使われた。「開発」のために開発途上国と支援国双方の希少な資源を、より貧しい人々、より困窮を極めている人々のために用いるべきだ、という考え方は決して間違ってはいなかった。しかし、BHNという考え方が広まったことによって、「開発」という言葉のもつ意味合いが、事業の現場や現実の局面では大きく変わったのではないか、と私は考えている。当時、「開発」の重点は、より貧しい人々であり、彼らのBHNを満たすことであるということは、すなわち、最先端の高度な技術・ノウハウや施設・機材ではなく、よりベーシックなものを用いればよい、という認識を広め定着させる結果になった。人々に最低限の生活を保障するため基本的なニーズを満たす、ということと、そのための手段としてどのような技術やモノを用いるか、ということとは、本来別の次元の話である。しかし、BHNが世界を席巻したこの時期、最先端の科学技術やノウハウが「開発」のために活用される可能性が閉ざされてしまった。

1980年代は、環境と「開発」の2つの問題の関係が大きくクローズアップされるようになった時期でもある。1980年、国連環境計画（UNEP）、国際自然保護連合（IUCN）および世界自然保護基金（WWF）が共同で提出した「世界自然保全戦略」で「持続可能な開発」が示され、この概念が、大きな国際潮流を形成していく契機となった。1987年、「環境と開発に関する国連会議」が、「我ら共通の未来」という報告書（通称「ブルントラント報告書」委員会）を発表した。同報告書では、「自然、環境および開発の相互関係に配慮した共通かつ相互補強的な目標を達成するための方策について勧告すること」や「国際社会が環境問題に対してより効果的に取り組む為の方策を検討すること」が提言された。

1990年代は、「開発」に関するさまざまな課題への取組みを、「人間中心」の考え方のもとに、統合的に捉えようとした時期であった。1990年に、国連開発計画（UNDP）が「人間開発報告書」を公表した。さまざまな専門分野に分解された「開発」への取組みについて、改めて、一人ひとりの人間のニーズに着目することの重要性を主張し、「人間中心の開発」を提唱した。ピアソン報告以来、「経済開発」に傾斜しがちであった資源の配分を見直し、また、「経済開発」かBHNか、という二極化を避けて、改めて、人々を中心に据えることで、「開発」の意義や手法を見直すべきである、という主張もそこに込められていた。さらに、1990年の「国連子どものための世界サミット」は、未来の社会を代表する世代としてこどもたちの能動的社会参画の必要性を世界に訴えた。こどもたちは単に庇護の対象というのではない、こどもたちを未来を担う世代として再認識し、こどもたちの力を最大限に引出そうというのである。同年、「万人のための教育世界宣言」が採択され、これらが「子供の権利条約」制定（1998年）につながっていく。さらに、「第四次国連開発の10年」では、「開発」の目的に国際社会の平和と安定が掲げられた。経済成長は、社会配慮、ジェンダー、人権など複数目標のうちのひとつとして位置づけられた。この時期に、「開発」の視座が格段に広がった。

1992年、地球環境開発会議（通称「地球サミット」）がリオデジャネイロで開催され、生物多様性条約と気候変動枠組み条約が採択されるとともに、環境と「開発」が同じテーブルのうえで議論されることが定着していく。同年、世界銀行の世界開発報告は、「環境と開発」をテーマとした。それまで、環境問題は、「開発」に際して「配慮すべき事項」であったが、このあたりから、主要な開発課題のひとつとして位置づけられるようになった。1993年、国連経済社会理事会の機能委員会として、「持続可能な開発委員会」が設立された。貧困、教育、健康、そして環境に関する課題を、持続可能な開発のための諸課題と捉え直すことになった。環境に配慮した開発概念として生成した「持続可能な開発」は、ここに至って、今日的な意味での望ましい「開発」とほぼ同義となった。

1993年、ウィーンでの世界人権会議、1994年、カイロでの国連人口開発会議、1995年、コペンハーゲンでの国連人口開発会議などを通じ、「開発」の視座は、さらに広がり、1996年、北京で開催された第4回世界女性会議では、女性に対する保健医療サービス、教育、人権の尊重などを通じて、「人間中心の」「持続可能な」「開発」を促進することの意義が再確認された。

1994年のUNDP人間開発報告書と1995年のコペンハーゲン宣言は、さらに大きな転換点となった。1994年の人間開発報告書は「人間の安全保障」をテーマとした。これは、これまで上向き基調の概念としての「開発」に貴重な一石を投じた。つまり、「明日が今日よりよくなること」だけを考えるのではなく、「明日が今日よりも悪くならずに安全でいられること」あるいは、「ダウンサイド・リスクへの対処（状況が悪化することへの対処）」を考えようというのである。ちなみに、この概念は、アジアの通貨危機などを経て、日本の対外政策の中心理念となっていく。

1995年、「世界社会開発サミット」で採択された「コペンハーゲン宣言」は、貧困根絶をメインテーマとして据え、1996年からの10年間を、「貧困根絶のための十年」と位置づけた。すべての人が保健・教育の基礎を満たすための国際的関与を提唱した。この宣言は、2015年までにすべての国で初等教育を普及させ、2000年までに妊産婦死亡率を1990年水準の半分に引き下げ、2015年までにさらに半減させる、さらに、2000年までに5歳児以下の児童の栄養失調を1990年水準の半分に引き下げること、国際社会が協働して目指すべきこと、そしてそれらのために、各国政府の公共支出の少なくとも20パーセントを増額して社会開発に向け、ODAの20パーセントを社会セクターにふり向けることを提唱した。

1996年、これらの動きを受けて、経済協力開発機構（OECD）が、報告書「21世紀に向けて――開発協力を通じた貢献」を発表した。ここでは、多岐にわたる開発分野のうち、主に社会開発分野において、数値目標と達成期限が明示され、MDGsの原型となる「国際開発目標」（IDT：International Development Targets あるいは IDG: International Development Goals）が提示された。1997年、コフィー・アナン国連事務総長（当時）は、これまで国連システムの中において、分野・課題ごとにバラバラに縦割りで実施されていた「開発」を統合的に進めるために、種々の専門的機関を統率し総合調整を行う「国連開発グループ（UNDG）」を各地で設立することを国連改革の一環として実行した。

1999年は、これまで「開発」にあまり関わってこなかった新しいアクターの参画が呼びかけられた年である。「世界経済フォーラム（ダボス会議）」では、コフィー・アナン国連事務総長（当時）が、民間企業を巻き込むための「国連グローバルコンパクト」を提案し、翌2000年に発足させた。1999年、ブダペストで開かれた「世界科学会議」では、「科学的知識に関する世界宣言」が公表され、「進歩のための科学」、「平和のための科学」、「開発のための科学」などの表現を用い、現代科学の新たな意味づけが行われ、そこで「開発」と「科学」の関係性に光が当てられた。

そして、これら一連の動きが、人類共同の課題としての「開発」への取組みの気運を高め、MDGs、そして、SDGsへとつながっていく。

「貧困」概念の進化と「開発」

このような「開発」概念の進化は、世界の「進歩」に対する捉え方の多義化に加えて、実は、「貧困」概念の進化と表裏一体をなす。当初、「貧困」とは、物質的経済的な欠乏であり、人間の基本的な物質的ニーズ（衣食住）の充足度によって定義された。UNDPは、「貧困」を、「教育、食料、保健医療、飲料水、住居、エネルギーなど最も基本的な物、サービスが得られない状態」であるとした。これはまた、それらの物質的ニーズを満たすために得られる金銭の多寡に還元することができるものでもあった。つまり、最低限の物質的ニーズを満たすために処分可能な金銭を得ていない、ということをもって貧困の定義が可能となった。SDGsにおいても、この考え方は踏襲され、1人1日当たりの所得によって、「貧困」が定義されている。2018年、世界銀行が定めた「貧困ライン」は、一人当たりの所得が、1・90米ドル未満であるが、これが、SDGsが撲滅を目指す「絶対的貧困」の定義になっている。

他者より貧しいという意味での「相対的貧困」に関しても、一人当たりの所得が基準となっている。日本における「相対的貧困」は、2015年調査では、一人当たり年収122万円に達しない状態を指し、15.6%の人々が「相対的貧困」の状態に陥っているとされている。122万円というのは、世帯別等価可処分所得を世帯人員の平方根で割って得られる中央値の半分であるが、大雑把に言えば、貧乏人から金持ちまでずらりと一直線に並べた時にちょうど真ん中に位置する人が得ている収入の半分を指す。これらの「貧困」を削減し、撲滅するために、経済成長あるいは経済開発が必要となる。経済の規模が大きくなれば、その果実は自然に貧しい人たちにもしたたり落ちていく(トリクルダウン効果)ということが期待されたのである。

しかし、このような「貧困」と「開発」に関する理解や整理は、大きな修正を迫られるようになった。経済成長を実現しても、必ずしも貧しい人たちは減らなかった。むしろ、格差が広がり、貧しい人たちはより貧しく、豊かな人たちはより豊かになった国の方が多かった。トリクルダウン効果は、多くの国で起こらなかったのである。そのような格差を緩和するために、援助などによって貧しい人々に一時的にモノや金を与えても、彼らの貧困状態は解消しなかった。さらに、同じ収入を得ていても、それぞれの人々の置かれた状況が異なる中で、教育や保健衛生の状態も異なり、また、欠乏や窮乏を感じる度合いは、実際には大きく異なっていた。

そのような考察を経て登場したのが、社会的な要素の欠乏に着目した新たな「貧困」の定義であった。ベンガル地方の飢饉と民主主義に関する考察を含む幾多の厚生経済学的研究によってノーベル経済学賞を１９９８年に受賞したアマルティア・センは、「貧困」を、社会的現象として捉え、人々が（その属する社会において）それぞれの潜在能力を発揮することが妨げられている状態であると定義した。潜在能力とは、社会において人が得られる物やお金やサービスを通じて、自らの命や暮らしを守ることに役に立つことを為すために個々人がもっている潜在的な能力を指す。センは、これらの能力を発揮する機会が、社会参加の機会や選択の幅の制約などの社会的要因によって阻害されている状態こそが、「貧困」の核心であると考えたのである。

荒れ地を切り開き、水田にし、あるいは、天然資源を発掘して利用するなど、自然に働きかけて、人々の暮らしや経済を豊かにするための諸活動が主体であった「開発」は、「貧困」に関する人類の認識の深化によっても大きな影響を受け、新たな展開を見せることになった。「開発」は、自然に働きかける諸活動に加えて、人々、あるいは、人々と社会の関係性や社会の仕組みなどに働きかけ、人々が潜在能力を発揮するための条件を整えるという非常に困難な使命を新たに負うことになったのである。

禁欲主義からの離脱？

「先輩、教えてください。資源やエネルギーを開発し、橋を架け、道路や通信網や農地を整備し、工場を作り、水道を引き、学校や病院を作ったら、人々は本当に幸せになるのでしょうか？　それが『開発』に関わるということなのでしょうか？」

１９８４年、ＪＩＣＡで仕事を始めたばかりの新人の私は、諸先輩に対して、しばしば、このような疑問を投げかけた。ある先輩は、私に向き直って、次のように諭してくれた。

「人々を幸せにする？　一体、君は何様のつもりなのか？『開発』という行為は元来傲慢なんだよ。自国の『開発』でももちろんそうだが、ましてや、他人様の国の『開発』の手助けをしようとする国際協力などというものは、本質的に、上から目線の、傲慢な営みなのだ。その点をいつも意識していないととんでもないことになる。私たちの関与は、常に謙虚で

「限定的で」なければならない。そして、あくまでも、開発途上国の人々の声を聞くことから始める。間違っても、遅れた国々の人たちを教化してやろうなどと思ってはいけない。彼らが外から必要とするものに対して、誠実に、しかも、限定的に答える、という姿勢を忘れてはいけない。間違っても、人々の幸せとか、伝統とか文化とかに立ち入ってはいけない。それは、彼ら自身の神聖な領域なのだ。世間は、日本の協力を、「要請主義」あるいは「受け身」などといって批判するが、そんな批判に構うことはない。幸せになる、ならない、どうやって幸せになる、ならないは、そこの国の人たち一人ひとりが自ら決めることだ。私たちは、彼らが自らの幸せを追求する過程に干渉する資格などない。私たちは同じ人間であり、たまたま豊かな国日本に生まれたからといって、私たちの方が優れているなどとは間違っても思ってはいけない。明治以降の近代化のプロセスにおいても、日本人は、欧米との接点の中で、国づくりは自らの考えに基づき自らの努力で行うのだということを強く意識してきた。和魂洋才。まさに、必要な部分に限って諸外国から取り入れてきた。開発途上国に対する私たちの貢献の意義は、もしあるとしても、それは、彼らが経済的に自立していくための基盤整備のごく一部をお手伝いするようなものである。私たちの役割は、現に極めて限定的であり、かつこれからもそうあるべきなんだ」

私は、先輩の考え抜かれた謙虚な言葉をもっともだと思った。今でもそう思っている。

しかし、あれから、世界は大きく変わった。「開発」という行為に期待される役割も大きく様変わりした。わずか半世紀足らずの時を経て、経済開発、あるいは、経済成長を指向する「開発」の守備範囲は大きく広がり、行政やガバナンス、環境や平和のための諸課題も包含し、私たちの実社会、実際の生活における諸課題のほぼすべてを含むようになってきた。民主化支援や人権擁護のための支援なども含まれるようになった。「開発」という概念が、望ましい（と人々が考える）方向への「社会の変革全般」とほぼ同じ意味になっていった。

社会を変えること＝「開発」？

では、「開発」における謙虚さを保つための禁欲主義は、もはや過去のものになったのであろうか？

いや、むしろ、「開発」という名における活動の対象が広がれば広がるほど、そこに潜在する傲慢さを避けるための強い矜持が求められているのではないだろうか？　それとも、「開発」は、「人々を幸せにするための諸条件をさまざまな角度から整える行為」と正面切って規定し直し、人々の幸せやその他の個人的な感情や価値判断に関わる領域に堂々とより深く立ち入っていくべきなのであろうか？

もし、そうであるならば、私たちがそのために保有しているさまざまな資源（人、モノ、お金など）をたくさんの課題に対して、どのように振り向けていくのか、ということを考えるとき、「それによって人々がより幸せになるのか」という問いを立て、この問いに答えるべく、人々の心の中に立ち入ること、そのために人々一人ひとりの全人格、全存在に思いを馳せる想像力が求められる。人間存在や人間の幸せの要件を因数分解し、細分化された諸課題の一部に対し、部分的に関わり、あとは、当事者で考えて、というわけにはいかない。

世界は、（ＳＤＧｓを含め）「こうあるべし、かくあるべし」という「あるべき論」で満ちあふれている。しかし、そのような要請に対して、私たちが実際に問題解決のために活用できる資源は限りがあり、すべての要請を満たすには、極めて不十分である。天然資源を費やし多くのエネルギーを使って経済成長を促進しても、その果実の多くは、勝者や強者の手に渡り、格差が広がる一方である。諸課題を解決するために、あるいは敗者や弱者や貧しき人々にまわされる資源は極めて少ない。環境と経済成長の間のトレードオフをはじめとして、さまざまな課題の間には、深刻なトレードオフが存在する。これを乗り越えて、ウイン・ウインの解決策を見出していくことは、実際には容易なことではない。

そのような状況においても、いや、そのような状況であるからこそ、私たちは、人類社会の総意を言語化することを目指して、国連という枠組みの中で、アジェンダ２０３０やＳＤＧｓを創った。そして、その実現に向けて創意工夫を凝らし、あるいは、さまざまなアクターが協働しようとしている。私はそれを人類社会の勇気ある行動であると思っている。しかし、これらが定立されてから今までの世界をみて、その世界が全体として「良い方向」に向かっているとは私にはまだ思えない。むしろ、ＳＤＧｓの目標年である２０３０年には、おそらく多くの課題が未解決のまま、あるいは、さらに悪化した状態で、あるいは、後戻りのできない取り返しのつかない状態で、残される可能性が高い。

「持続可能な開発」という言葉は、「開発」の進化系であり、より望ましい「開発」の絵姿を今日的に表現している。しかし、それを達成するための目標としてのＳＤＧｓは、あえて厳しいことを率直に言えば、「持続可能な開発」を腑分けし、分解されたパーツを17の目標と１６９のターゲットとして、平板に羅列したに過ぎない。

それではそのような批判に対して応えるために、２０３０年以降の世界に向けて、「開発」の呪縛から脱し、ＳＤＧｓを超えるアジェンダとはどのようなものなのか？　それはどのようにして形成されるのか？

最終章（第7章）において、これに応える前に、次章では、もう少し、ＳＤＧｓについて、考察を深めておきたい。

第6章　現実世界のＳＤＧｓ

ＭＤＧｓからＳＤＧｓへ

潘基文には申し訳ないがもう一度、登場願う。

２０１５年7月、潘基文国連事務総長（当時）は、「ＭＤＧｓ報告２０１５」を発表し、世界は、「極度の貧困をあと1世代でこの世からなくせるところまで来た。ＭＤＧｓは歴史上最も成功した貧困撲滅運動となった」と成果を強調した。前章でも触れたが、同報告によれば、開発途上国で極度の貧困に暮らす人々の割合は、１９９０年の47％から14％に減少し、貧困削減に関する目標は達成されたことになっている。他方で、同報告は、妊産婦の死亡率、女性の地位などについて遠く目標に及ばなかったことや、気候変動に関しては、二酸化炭素の排出量が１９９０年比較で50％以上増え、増加傾向に歯止めがかからなかったこと、さらに、国内や地域別に見ると、達成状況に大きな格差があり、依然として多くの人々が置き去りになっていることについて警鐘を鳴らした。

ＳＤＧｓは、開発途上国のみの問題ではなく、人類社会全体の問題の解決を目指した。開発途上国のみを対象としたアジェンダではなく、先進国を含む全世界の国々、人々を対象とするアジェンダとなった。ＭＤＧｓが貧困、保健医療、教育に焦点を当てていたのに対し、ＳＤＧｓは、このアジェンダが生まれるきっかけをつくった環境問題を大きくクローズアップした。そして、エネルギー、経済成長、技術革新、街づくりから平和に至るまで、国際社会が認識する多くの重要な課題を網羅しようと試みた。国連諸機関や声の大きい加盟国の思惑を「ホチキス止め」にしたに過ぎない、という批判も皆無ではない。しかし、ＳＤＧｓに対する世界の評価は全般に高い。そこに書かれた内容のみならず、すべての国々、人々を対象に、分野や課題に制限を設けることなく、広い視野から議論して、まとめ上げたというプロセスを含め、多くの人々がこれを評価し、歓迎している。

新しい風

「誰一人取り残さない」

「持続可能な開発のための２０３０アジェンダ」（「アジェンダ２０３０」）が、２０１５年国連総会において、１９３カ国の首脳の合意のもとに採択され、世界に向けて発表されたとき、多くの人々の心に最も響いたのは、おそらくこの言葉であろう。貧しさや差別や武力紛争の惨禍にあえぐ人々の多くは、この言葉がこれまでと同様に単なる国際社会のスローガンではなく、実体を伴ったものであってほしいという願望を込めてこの言葉を受け止めようとしたであろう。

「アジェンダ２０３０」は、人類社会の諸課題を鳥瞰し、それに対する総合的な取組みを謳った。「誰一人取り残さない」社会の構築を目指し、数値目標を含む具体的な目標とそのための具体的なタイムテーブルを明示した。これは、人類史上初の快挙である。世界の現状から出発して実現可能性を踏まえた「現実的な」議論（Forecasting）をするだけではなく、むしろ、２０３０年にあるべき姿、こうありたいと描く姿に向かって想像力を飛翔させ、その姿を思い切って描くという議論（Backcasting）を経た、という点でも画期的である。

内容のみにとどまらず、策定のプロセスもこれまでの国際アジェンダとは大きく異なっていた。のべ１,０００万人を超える世界中の人々とのコンサルテーションが行われた。アジェンダは、「持続可能な開発への旅路は、すべての人々を取り込んでいく」ものであることを宣言し、「人々の、人々による、人々のためのもの」であることを明確に謳った。

これらを経て、ＳＤＧｓは、全世界の多くの人々が「自分ごと」としてとらえることができる目標となった。前身のＭＤＧｓや数々の国際会議の結果として生まれた個別の国際アジェンダとは比較にならないほど国際社会に広く深く浸透した。さらに人々の関心は、年を追うごとに高まっている。これまでの国際アジェンダが、歳月の経過とともに人々の記憶から薄れていったことと好対照をなす。これまで、グローバル・イシューや「開発」の問題に無関心であった若者や企業、投資家を含め、世界中の多くの人々が、ＳＤＧｓに関心を寄せるようになった。これまでとは異なる新しい風が吹き始めた、とさえ感じさせる。

ウエディングケーキモデル

さて、それでは、あとは、ＳＤＧｓの一つ一つの目標実現に向かって実践あるのみ、ということなのだろうか？

ＳＤＧｓは、国連における国際政治外交の縮図であり、そこには、すべての国連加盟国や国連機関が重要と考えるイシューが凝縮されて盛り込まれている。ジーンバンク、デリバティブ、アルコール、たばこ、公共調達などなど、あえて網羅的に列挙することは避けるが、ＳＤＧｓを通読すると、なぜこのイシューが突然ここに記載されているのか、と少し不自然に感じるものが少なからずある。長い交渉の過程で、各国や組織の主張が、取り入れられた結果、ＳＤＧｓの17のゴールと１６９のターゲットには、様々な分野の、様々な次元のイシューが「総花的に」並ぶことになった。

これらの17の目標のうち、最後のゴール17（パートナーシップ）を除けば、すべての目

SDGsウェディングケーキモデル

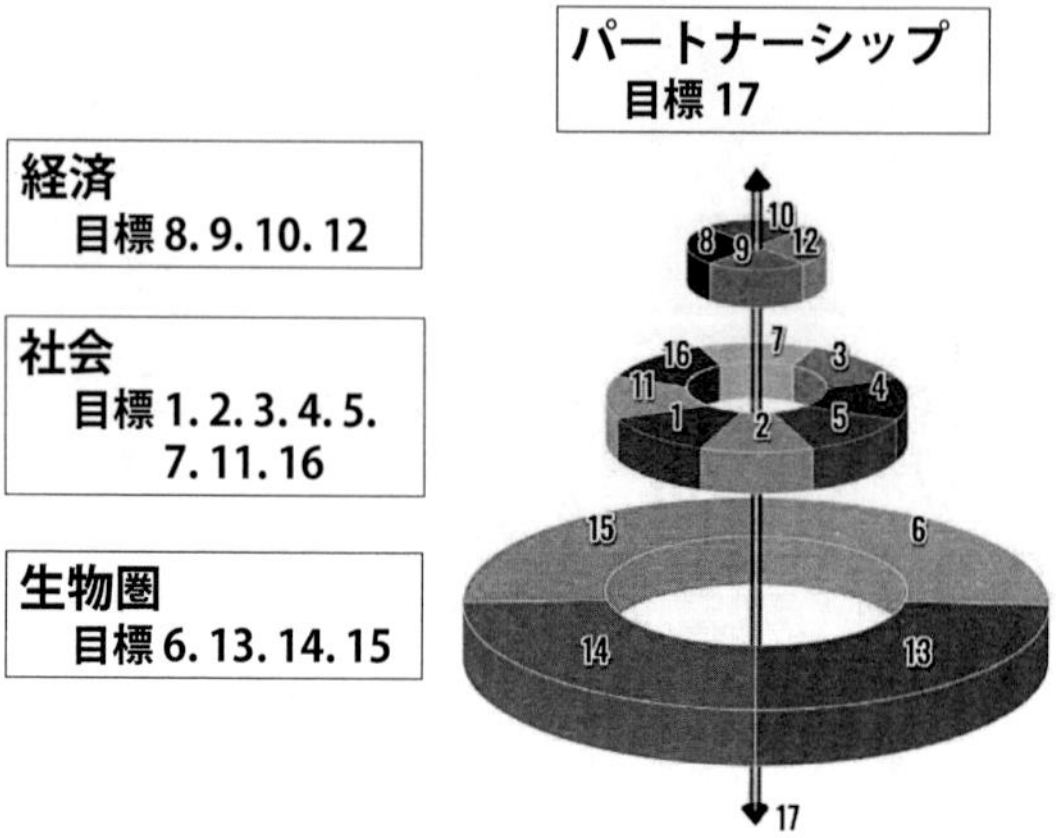

出所：（株）コミュニティ・ディベロップメント・パートナーズHP。

標は対等であり、それらの間に優先順位はつけられていない。ゴール1の貧困撲滅は別格である、との見方もあるが、後で述べるように、必ずしもそうなってはいない。SDGsに関し、日本だけでも優に200冊以上の解説本が出版されているが、それらの多くが、「諸目標は相互に密接に関連しており、その関連性に着目して取り組まなければならない」と述べている。しかし、SDGsの中では、そのための手がかりは語られていない。

スウェーデンのレジリエンス研究所のロックストローム博士が考案した「SDGsウエディングケーキモデル」は、17の目標の構造を理解するために、今、世界中で最も広く引用されているモデルのひとつである。このモデルでは、1〜16までの目標を、経済（上層）、社会（中層）と生物圏（下層）の三層に分け、それぞれの層に関する目標が整理されている。それぞれの目標は、一見無関係のように見えるが実は、より下層にある目標が達成できない限り達成できないものである、という趣旨で、多層化されている。さらに、パートナーシップを謳うゴール17は、すべての目標に関係するものとして位置づけられている。

【経済】（上層）
ゴール8　働きがいも経済成長も
ゴール9　産業と技術革新の基盤をつくろう
ゴール10　人や国の不平等をなくそう
ゴール12　つくる責任、つかう責任

【社会】（中層）
ゴール1　貧困をなくそう
ゴール2　飢餓をゼロに
ゴール3　すべての人に健康と福祉を
ゴール4　質の高い教育をみんなに

ゴール5　ジェンダー平等を実現しよう
ゴール7　エネルギーをみんなに、そしてクリーンに
ゴール11　住み続けられる街づくりを
ゴール16　平和と公正をすべての人に

【生物圏（自然環境）】（下層）
ゴール6　安全な水とトイレを世界中に
ゴール13　気候変動に具体的な対策を
ゴール14　海の豊かさを守ろう
ゴール15　陸の豊かさも守ろう

ＳＤＧｓ策定の途上で、日本・ＪＩＣＡの関係者からも国連に対して、「それぞれの目標間の関係や全体の構造を明らかにすることが望まれる」という趣旨のコメントをさまざまなチャネルを通じて伝えたことがある。しかし、策定に関わった国連関係者が、これに答えることはなかった。これらをひとたび検討の俎上にのせた途端、価値観や立場の異なる国が集う準備会合での議論は、収拾がつかなくなることは明白であったからである。

「単なる目標の羅列に過ぎない」という批判に対し、「アジェンダ２０３０」では、ＳＤＧｓ

5つのPとは？

PEOPLE
人間
あらゆる形態の貧困と飢餓に終止符を打ち、尊厳と平等を確保する
PLANET
地球
将来の世代のために、地球の天然資源と気候を守る
PROSPERITY
豊かさ
自然と調和した、豊かで充実した生活を確保する
Sustainable Development
持続可能な開発
PARTNERSHIP
パートナーシップ
確かなグローバル・パートナーシップを通じ、アジェンダを実施する
PEACE
平和
平和で公正、かつ包摂的な社会を育てる
国際連合広報局

出所：相模原市HP。

の17目標の「分類」に資する考え方として、「5つのP」が提示された。「People（人々）」、「Planet（地球）」、「Prosperity（繁栄）」、「Peace（平和）」と「Partnership（パートナーシップ）」である。しかし、これらもやはり、単に分類を行っただけであり、目標間の関係や優先順位を説明してはいない。SDGsは、国際社会全体として、2015年から2030年という期間において、具体的に何に優先順位をおいて取り組むべきか、という問いに対しては、何も述べていないのである。

SDGsを実現するために、世界中の限られた諸資源を、どこにどの程度用いればよいか、という点に関しては、各国の判断と実践に委ねられることになった。各国が自国の考えに従い、自国政治、経済、社会の状況を踏まえ、ＳＤＧｓを「解釈」し、取り組むということになった。世界経済に大きな影響を与えている多国籍企業なども、それぞれの組織の戦略において、ＳＤＧｓに触れ、ＳＤＧｓの中で組織の活動と親和性の高い目標に自らの活動をタグ付けしている。ＳＤＧｓがそれぞれ国や組織の置かれた立場や多様な文脈において、主流化され、自立的に発展し始めた、ともいえる。しかし、それらの多様なアクターの多様な営みが、全体として、人類社会をどのような方向に導いていくのか、という問いには、誰も答えることができない。各アクターが、それぞれできることを、それぞれのやり方でやればよい、というゲームのルールが存在するだけで、その結果、どうなっていくか、誰もわかっていないのである。

国や人によって異なる優先順位

国連は、「My World 2030」という仕組みを設け、ＳＤＧｓの実現に向けて、世界中の人々の啓発に努めている。世界中を対象にアンケート調査を行い、50万人をこえる人々が参加している。質問の中で、「あなたやあなたの家族にとって、17のゴールのうち、どのゴールが最も重要だと思いますか、重要と思うものを６つ挙げてください」というものがある。新世代を代表する環境活動家であるグレタ・トゥーンベリの母国であるスウェーデンはじめ欧州の諸国では、「気候変動」（ゴール13）がトップあるいは上位を占めている。一方で、開発途上

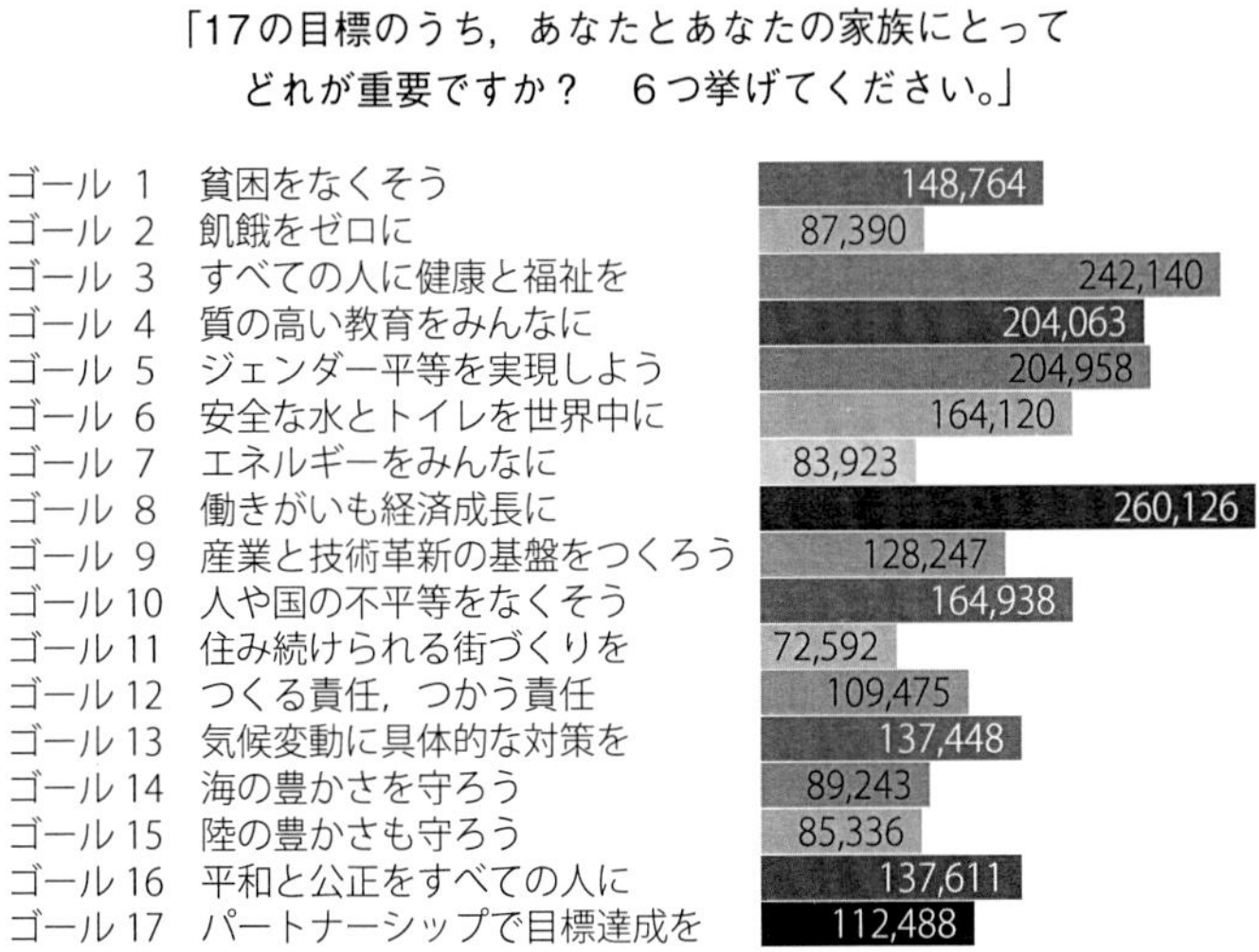

出所：国連広報局による調査結果2019より著者作成。

国では、「貧困撲滅」（ゴール1）、「健康」（ゴール3）、「教育」（ゴール4）、「仕事と経済成長」（ゴール8）の順位が高く、「気候変動」の順位は低い。「気候変動」は、これまでさんざん地球環境を痛めつけてきた先進諸国が取り組めばよいのであり、一人当たりの温室ガス排出量が今でも相対的に少ない開発途上国は、まずは豊かになることが先決である、と多くの貧しい国の人々は考えている。中国やインドなどの動向が注目されるようにはなってはいるが、大勢は変わっていない。

17のゴールの優先順位に関し、全世界で平均してみると、「仕事と経済成長」と「健康」が突出し、「教育」と

「ジェンダー」（ゴール5）が続いている。日本では、アンケート数は1，000人程度と少ないが、「健康」、「気候変動」、「仕事と経済成長」に加えて、「平和」（ゴール16）が重視されている。「平和」の優先順位は、他の国々では高くはなかったが、2022年2月のロシアによるウクライナ進攻その他の国際情勢の変化を受けて、今後、世界の国々や人々の優先順位が大きく変わる可能性がある。ちなみに、ゴール8は、「仕事」と「経済成長」の双方を含んでいるが、「仕事」なのか「経済成長」なのか、人々が、どちらをより一層重視して、このゴールを上位に位置付けているのかはこのアンケートからではわからない。

崇高な目標の陰に

国際連盟の創設からおよそ1世紀、国際連合が生まれて4分の3世紀が経った今も、国際社会は、依然として主権国家中心の世界である。強い国々が、それぞれの正義を語り、既得権を維持しながら、さらなるパワーの伸長を図ろうとしている。「アジェンダ2030」やSDGsが掲げる高邁な理想は、「彼らの意に反しない範囲において」、許容され、実践される。彼らの意に適うものについては、賛同を得るが、そうでないものは、排斥される。そのような中で、それぞれの目標ごとにさまざまな要素を勘案したうえで、合理的な議論が行われることは少ない。

たとえば、気候変動対策（ゴール13）において、ターゲット13・2は、対策を国別の政策、戦略および計画の中に盛り込むべきことを謳っているが、これまで日本が圧倒的に優位に立っていたハイブリッド車を欧米や中国など諸外国がそれぞれの政策において徹底的に排斥しようとし、日本の企業は、戦略の大幅変更を余儀なくされた。国際的には全般に電気自動車礼賛の議論が相次いでいるが、実は、発電のために化石燃料に大きく依存し環境効率の悪い中国やインドなどがこぞって電気自動車を使い始めた場合、当面の二酸化炭素の排出総量はどのようになるのか？　燃費の良い日本の小型ガソリン車やハイブリッド車を活用する場合との比較において、少なくとも限られた近未来（＝温暖化対策に関し極めて重要であるという向こう10～20年間）において、どちらが、総合的にみて「地球にやさしいのか」？　さらには、それらを産業構造の急激かつ大規模な転換に際しての雇用や社会経済的コストを含めてどう比較するのか？　バッテリーを作るために、新疆ウイグル地区やアフリカ南部を主産地とするニッケル、コバルト、リチウムなどといった希少な資源の開発が急速に進んでいるが、産出現場の労働者の実態に鑑みて、これらのレアメタルに依存せざるを得ないものづくりに急激にシフトすることが果たして正しいことなのか？　「環境にやさしい」とされるさまざまなテクノロジーについて、原材料の開発から廃棄物の処理にかかるライフサイクルアセスメントを、そのバリューチェーンにまで広げて経済社会的費用を総合的に見た場合の比較

「私たちは，貧しい。だからこそ，UHC を重視する」

タイのピヤサコン保健大臣（当時）は，UHC の本質を理解し，その重要性を世界に向けて積極的に発信し続けた。彼は，また，日本とタイの協力を通じ UHC をアジアやアフリカの開発途上国で推進することにも熱心であった。多くの貧しい国々の保健大臣が，「我が国は貧しいから UHC が実現できない」という主張（言い訳？）を繰り返していた中で，彼は違っていた。

「UHC は，国の経済的な豊かさの結果ではない」

UHC は，慈善事業でもなければ，豊かな国の特権でもない。むしろ，衡平な経済成長の前提であり，人々に安心と豊かさを持続的にもたらすための社会の仕組みなのである。経済成長が進み，豊かな人々と貧しい人々の間に分断が進んでしまうと，豊かな人々は，自分たちだけの保健医療の仕組みを作ってしまう。成長が進んだ後に，その果実が貧しい人々にもたらされることはない。豊かな人々はその暮らしをもはや手放そうとはしない。そこで，貧しい人々は，豊かな人々とは別に保健医療の仕組みを作ることになる。そこに政府の支援があるとしても，結果的に，その仕組みは，非常に脆弱で，劣悪なサービスしか提供できない。その典型がアメリカの保健医療制度である。アメリカでは，世界最高水準の医療サービスを貧しい人々が受けることはない。富裕層のための保健医療制度に貧困層が裨益することはない。

私は，UHC を世界に広めようとする日本政府のリーダーシップのもとで実務者としてしばらく仕事をさせてもらい，そこで貴重な学びを得た。それは，「衡平で持続的な社会の仕組みを作っていくためには，貧しい人々のことだけを考えていては駄目だ，豊かな人々を巻き込んでいかなければならない」という点である。日本が，まだ貧しかった頃に，UHC を実現したという経験は，世界の多くの国にとって，生きた事例として参考になっている。

コラム6 COLUMN 「すべての人々に健康を」（ユニバーサル・ヘルス・カバレッジ）

日本の外交が受け身（「Reactive」）であるという批判は，少なくとも過去20年の国際保健外交に関しては，正しくない。日本は，ユニバーサル・ヘルス・カバレッジ（UHC）をSDGs（第3目標，ターゲット3.8）に含めることについて，国連を含む国際世論形成の舞台で，能動的に動き，成功した。これは，SDGs成立に向けての日本の最も重要な貢献のひとつである。

UHCとは，「すべての人々が，支払い可能な価格で，適切な保健・医療サービスを受けられるようになること」である。これがSDGsに含められた，ということは，世界中のすべての人々が保健医療のサービスを受けることができる世界の実現をめざすことが国際社会のコンセンサスになったということである。

日本は，高度経済成長前の1961年に，国民皆保険を達成した。これによって，貧富の差に関わりなく，主婦か，農家か，サラリーマンか，失業中か，といった境遇にかかわりなく，必要な医療サービスを受けることが可能となった。所得の多い人がより多くの保険料を払うという仕組みによって，高度成長期における所得の再分配にも貢献した。➚

2017年バンコクでの
マヒドン王子国際会議にて

右から，ピヤサコン保健大臣，チャンWHO事務局長（いずれも当時），筆者。
出所：JICA。

はなされているのか？　疑問は尽きないが、実際には、ＳＤＧｓ達成や地球環境保全の名目で、全体観を欠いたご都合主義的なスローガンや政策構想が跋扈している。

社会変革に向けてのマインドセット

これまで、私を含め「開発」や国際協力に関わってきた人々は、貧しい国や脆弱な社会、社会的に弱き人々、あるいは周縁化されてきた人々に目を向け、彼らの現状を改善することに腐心してきた。しかし、実は、それだけでは世界は変わらない。それだけでは世界の半分としか向き合っていない。私たちが、これから、より多くの注意を向けるべきは、強者や勝者の存在であり、彼らの行動原理であり、彼らの行動変容の可能性である。ＳＤＧｓやポストＳＤＧｓの理想論と、強者や勝者の本音の間に、Win-Win となる共通のスペース（Common Ground）が果たしてどこまで作れるのか？　この問いを立て、彼らと協働し、そのスペースを拡げ、さらなる協働を促していくという知的なしたたかさが、より望ましい未来の構築のために求められている。

自分ファースト

私たちが、客観的にものごとを判断するうえで本来、最も重要な拠り所となるべき科学の領域においても、残念ながら、欺瞞は存在する。フランス、ドイツ、オーストリアなどの欧州諸国は、地球環境や人権、ガバナンスなどの問題に関する人々の意識も高く、多くの先進的な試みが行われている。緑の党は支持を広げ、欧州の政治家は、地球環境保全に積極的な姿勢を競い合う。このようなトレンドは、科学者の研究活動にも大きな影響を与えているが、その影響は必ずしも良いものばかりではない。各国の環境政策を支持するような研究テーマを提案する研究機関は、多くの補助金で潤う。一方で、これらに批判的あるいは懐疑的な研究を行おうとする研究機関は隅に追いやられる。

欧州の環境政策が結果として貧困層から富裕層への資本移転になる（可能性がある）と警告したＲＷＩ研究所の研究が欧州の政治家に顧みられることはなかった。ゲッティンゲン大学がメディア報道の「非科学性」に関して科学的根拠を提示して批判を行ったが、当のメディアにおいて無視された。

同様に、たばこの害を訴えたい諸国においては、たばこに含まれるニコチンの研究に規制がある。特に、ニコチンの害についての研究は奨励されるのに対し、脳内物質として本来体内にあるニコチンの効用についての研究は、たばことはまったく無関係なものであっても厳しい規制の対象となる。

勝者や強者は着実にそれぞれの利益を確保し伸長させていく。たとえば、S元ドイツ首相、

S元オーストリア首相、K外相そしてF元フランス首相が、政治家を引退した後、相次いで、ロシアの石油大資本の幹部になり相当の報酬を得ていた。その中で気候変動対策のための改革を試みたという話は聞かない。これをどう受け止めるべきだろうか？　彼らは、政治家として活動中は、地球環境問題への取り組みを真摯に考えているようにみえたが、どうやら、地球環境を守ることは彼らの人生を賭けたアジェンダではなかったようだ。結局のところ、自分たち自身が豊かな暮らしを楽しむことが彼らの優先課題であった。彼らの転身ぶりを個人的に攻める気はさらさらない。彼らの行動は、勝者や強者に限らず普通の生身の人間として至極当たり前のことなのかもしれない。また、世界のエネルギー供給に大きな役割を果たしている石油大資本を無条件で悪者扱いすることはあまりにもナイーブである。２０２２年2月、ロシアがウクライナに侵攻し、欧州のエネルギー政策やロシアへの依存度の見直しが議論されるようになったところで、これらの政治家たちの「華麗な転身」が話題となった。欧州世論を目覚めさせたのは、ＳＤＧｓにおいて謳い上げられた理想ではなく、欧州の安全保障に関する危機感であった。勝者や強者の言行不一致を許し、これを社会の品格や文化の劣化の問題としてとらえずに見過ごそうとする世論の「寛容さ」は、世界のどこにでも存在する。

強者に求められる倫理

「ノブレス・オブリージュ（Nobles Oblige）」

高貴な者はその身分の高さに応じて果たさなければならない社会的義務と責任がある、という この言葉は最近あまり聞かれなくなった。人々はすべて平等であり、果たすべき責任も平等、ということなのだろうか？　この言葉が広まったのは、19世紀前半、激動する世相においてリーダーの役割が問われた時代に生きたフランスの著述家ガストン・ド・レヴィやバルザックなどによる。勝者や強者が社会のためにそれなりの義務を果たさなければならないという規範意識は、人類史において古くから存在していた。たとえば、古代ローマでは、貴族たちが、私財を投じて、道路や水道などのインフラストラクチャを整備する慣例があった。紀元前4世紀、共和制ローマの貴族、アッピウス・クラウディウス・カエクスの貢献は現代にも語り継がれており、特に、彼の作ったアッピア街道は、現代でも活用され「街道の女王」とも呼ばれている。

現代でも、たとえば、ビル・ゲイツは、感染症対策その他の国際保健の分野での活動に熱心である。彼が、国際保健分野で開発途上国のために毎年投じている私財は、同じ期間に、日本政府がこの分野で拠出している政府開発援助の総額の倍以上に相当する。あくまでもひとつの分野に限っての話ではあるが、日本が「国として」行っている協力規模をはるかに上回る協力（資金の拠出）を、彼がたった1人で行っているのである。

ＳＤＧｓは、一定額の所得を「得られない」貧しい人たち、学校に「行けない」こどもたち、医療サービスを「受けられない」人々、まっとうな職に「就けない」人々に光を当て、「誰一人として取り残すことのない」世界の実現を謳っている。ただし、世界は、そういった困難で恵まれない境遇にある人々ばかりで成り立っているわけではない。むしろ、より多くの人々が、それなりの教育を受け、医療サービスを享受し、所得を得て、同じこの世界に生きている。その中には、大きな利益を得て大きな影響力を行使している人々も少なくない。ＳＤＧｓの実現を真剣に目指すなら、このような恵まれた人々や勝者や強者が、どのようにふるまうべきか、という点について、より多くの注意が払われ、議論がなされるべきではないか？

勝者や強者の行動に影響を及ぼすような社会の行動規範や文化は、どのようにして培われていくのであろうか？　困難にあえぐ人々、可能性を閉ざされた人々、そして、未来において、そのような境遇に陥るかもしれない人々のことを思いやり、彼らのために行動することに価値を見出すような文化や社会的土壌はどのようにすれば醸成されていくのであろうか？社会が、人々の困難について思いやり、あるいは、未来の人々のことについて真摯に考えるという文化は、私たちが直面するさまざまな個別の課題の解決に向けてさまざまな面でプラスの影響を与える。特に、課題解決のための諸資源の制約が強い場合や、将来にわたってどのような課題が生起するかよくわからないような不確実性の高い状況においては、そのような文化によって、社会は、さまざまな危機や問題に対して強靭性を獲得する。

ＳＤＧｓのターゲット４・７では、非暴力的文化の推進、グローバル・シチズンシップ、文化多様性と文化の持続可能な開発への貢献を理解するための教育を通して、すべての学習者が、持続可能な開発を促進するために必要な知識および技能を習得できるようにすることが謳われている。ここで言う「文化の持続可能な開発への貢献」とは、具体的にはどのようなことで、どのようにすれば実現するのか、という点に関して、掘り下げた議論は少なく、今のところ刮目すべきアクションも少ない。

「見えざる手」の前提

アダムスミスが１７７６年の「国富論」において唱えた「見えざる手」は、資本主義社会におけるそれぞれのアクターの高い倫理性が前提となっている。多くのアカデミアが指摘しているとおり、「見えざる手」は、１７５９年の「道徳感情論」を踏まえることで正しく理解される。アダムスミスが唱導した自由な市場経済とは、勝者や強者の勝手気ままを許すということではない。「共感（Sympathy）に基づく倫理的公正さ」、あるいは、「真摯に社会を考える文化」あっての市場経済なのである。現在社会において、このような倫理性が、SDGsに取り組むことを標榜する国やアクターにおいて果たして本当に尊重されているのであろうか？　現代の資本主義は、アダムスミスが前提とした高い倫理性を着実に育んでいるといえるのか？　もしそうでないとしたら、何をどのように改めたらよいのか？　そして、SDGsが、そのような倫理性を育むシステムを稼働させることに貢献するのか？　文化を醸成するための契機や触媒となりうるのか？

「持続可能な開発」の欺瞞

SDGsの17の目標と169のターゲットを鳥瞰すると、それぞれの間で、相互に緊張や矛盾が想定されるものが少なからずある。その中でも、「環境」と「開発」の間、そして、成長と分配の間にある緊張関係は根深い。

「環境」と「開発」の間の緊張関係は、SDGs＝「持続可能な開発」目標という表看板そのものが抱える課題でもある。「持続可能な開発」とは、「将来の世代の欲求を満たしつつ、現在の世代の欲求を満たすこと」と一般に定義されてきたが、これを追求してきたはずの私たちの世界では、実際には何が起こっているのだろうか？

世界の二酸化炭素排出総量は、1990年代、そして、MDGsが成立した2001年以降、そして、SDGsが成立した2015年以降も一貫して増え続けている。コロナ禍による経済活動の停滞においても増加傾向にある。さらに、2022年、ロシアのウクライナ進攻を経て、欧州では、環境効率が悪いためそれまで目の敵にしてきた石炭への回帰さえみられる。地球環境への負荷削減に成功している国はほとんどない。成功を標榜する国においても、環境負荷の大きいバリューチェーンの一部を国外に転嫁しているだけの場合が少なくない。多くの国が、地球環境よりも自国の経済成長を優先している。地球環境に関する一連の国際会議で、若者たちが声高に叫んでも、今のところ事態に大きな変化はない。科学者たちが警鐘を鳴らしても、温暖化ガス削減に関する実効性を伴う国際合意は形成されない。抽象的なスローガンが繰り返されるだけである。日々報道される画期的な新技術や新しい仕組み、カーボンニュートラルやカーボンネガティブの可能性を示唆するさまざまなイノベーションには、期待するところ大であり、また、世界の若者たちや普通の人々が、地球環境のために自分たち一人ひとりがこれまでにないほど真剣に考え取り組み始めたことは、大変勇気づけられることであるが、今のところ、それらのほとんどは、「小さな成功物語」あるいは「将来に向けての夢」にとどまっている。

成長と分配の間の緊張関係、あるいは、格差の拡大についても同様である。富裕層と貧困層の間の富の格差は、1980年代以降、一貫して拡大しつづけている。成長の果実が、貧困層に分配されることなく、富裕層（特に超富裕層）がこれを独占するという傾向がますます強まっている。一部のアカデミアは、国と国の間の格差の縮小や、先進国と開発途上国といった二元論的世界観の終焉を語るが、地球規模で豊かな人々と貧しい人々の間の格差は広がっている。世界の超富裕層（上位1％）の資産は、人類全体の資産の4割近くを占める。トップ26人の総資産は、世界人口の半分である38億人のそれを合わせたより大きく、この格差は拡大を続けている。コロナ禍の2年間で、世界の大富豪10人の資産は2倍に増えた。彼らが、その資産の99.9999％を失ったとしても、ほかの人々より裕福なのだ。日本も同様である。所得再分配後のジニ係数が過去10年で幾分かの改善傾向があるという点を除けば、超富裕層（金融資産5億円以上）、富裕層（1億円以上）そして準富裕層（5,000万円以上）の保有資産総額は、2000年以降、リーマンショックを経てもなお増加傾向にある。一方で、貧困層は着実に増え続けている。経済全体が停滞する中で、高級スーツの左襟にSDGsバッジをつけている富裕層の富は着実に増加し、国内の格差は拡大している。

「貧困撲滅」は「持続可能な開発」のための手段か？

「アジェンダ2030」は、冒頭でこのように語っている。

「このアジェンダは、人間、地球及び繁栄のための行動計画である。これはまた、より大きな自由における普遍的な平和の強化を追求するものでもある。我々は、極端な貧困を含む、あらゆる形態と側面の貧困を撲滅することが最大の地球規模の課題であり、持続可能な開発のための不可欠な必要条件であると認識する」（傍線筆者）

私は、このパラグラフに、違和感を抱いている。2001年9月、MDGsが成立したとき、私は、ワシントンDCで歓喜していた。世界中の同僚たちにファックスやメールを送りつけ、その重要性を説いた。そして、その後継となったSDGsが、先進国を含む全世界の人々のアジェンダとして打ち出されたときの喜びは、MDGsのときのそれを上回っていた。そして、国際協力の実務者として、とりわけ、健康に関するゴール3や教育（学び）に関するゴール4などに注力してきた。しかし、その根幹となる理念を語るべき「アジェンダ2030」がこのような文章で始まっていることには納得がいっていない。

なぜか？

まず、「人間」と「地球」と「繁栄」という異なる3つの言葉が脈絡なく同列に並記されていることである。ここで述べられている「繁栄」とは誰のどんな「繁栄」だろうか？「地球」の存続なくして、人類の繁栄はあり得ない」と、なぜ直截的に言わなかったのか？

さらに、これらの3つを並べた後、順番としてはこれらに続く（劣後する？）かたちで「平和」を扱っている。「平和」であることよりも、「繁栄」すること（誰の、どんな繁栄？）

の方が大切なのであろうか？

そして、最後のセンテンスでは、「貧困撲滅」は、「持続可能な開発」のための「不可欠な必要条件」であるとしている。「貧困撲滅」とは、すべての人が、自らの可能性を開花させることを妨げている貧困状態から脱し、命と暮らしと尊厳を全うすることである。これは、本来の「開発」の目的そのものである。このことが、「持続可能な開発」のための「不可欠な必要条件」、すなわち手段であるとすれば、ここでいう「貧困撲滅」とは何か？　地球環境の劣化あるいは大きな変化の影響を受けているのは、貧しい人々であり、今後その傾向がますます強くなることが予想されるという事態に鑑みると、むしろ、地球環境をしっかりと保全することが、「貧困撲滅」のための「不可欠な必要条件」とすべきではないか？

たかだか机上のぎろんの話、紙に書かれた文言の一言一句に目くじらを立てても仕方がない、かもしれない。あるいは、「貧困撲滅」を「最大の地球規模課題」と呼び、決して軽視しているわけではないので別に構わないではないか、と多くの方々は思われるかもしれない。しかし、このような概念相互の序列のつけ方や論理の展開の仕方には細心の注意が払われるべきであると私は考えている。なぜなら、これらの文言において、国際社会の「集合知」としての思想や考え方、あるいは価値観が凝縮されて表現されているからである。

便利で無難な言葉

「アジェンダ２０３０」やＳＤＧｓを世界共通の目標として成立させるために、国連は、現代社会における勝者あるいは強者の同意、声の大きい加盟国からの同意を取り付ける必要があった。そのために、主要な加盟国の既得権や近未来における彼らの利益を実質的に損なうような主張や提案は、注意深く避けられ、議論の俎上にのぼることはなかった。

もし、たとえば、ＳＤＧｓの草案が、「経済成長よりも、地球環境や格差の是正を優先させるべし」と提案し、あるいは、「経済成長のために地球環境や格差の問題についてこれ以上悪化させることは認められない、一人当たりの温暖化ガス排出量の規制や、格差是正のための明確な数値目標やターゲットも設ける」などという主張をしていたとしたら、たとえそこに何ら拘束力がなかったとしても、ＳＤＧｓは成立しなかったであろう。経済成長を重視する国々、内政不干渉を重視し、自国国内の格差に干渉されたくない国々、一人当たりの温暖化ガス排出量が世界平均を上回る国々など、ほとんどの国々から相手にされなかったであろう。ＳＤＧｓが、「最優先の課題は、地球環境保全と格差解消であり、その他の課題はこれらに劣後する」といったラジカルな主張を含むアジェンダであったとしたら、日本政府や日本の経済界も支持しなかったであろう。

包括的な国際アジェンダについて合意を形成していくうえで、「持続可能な開発」という言どのような成長をイメージされていますか？」

それ以来，IMF のミッションが JICA 事務所を訪ねてくることはなくなった。少なくとも，５年近い私の任期中はそうであった。今から思えば，遠路はるばるバングラデシュを訪ねてくれた彼らに対して頭ごなしに議論をふっかけたことを後悔している。彼らは，さまざまな国々のマクロ経済状況をプロフェッショナルな視点で鳥瞰しているわけで，私はそんな彼らから貴重な学びを得る機会を失ってしまった。

このころ，バングラデシュでは，縫製工場の火災や崩壊が相次いで起こり，劣悪な環境の工場で働く貧困層の若い女性たちの命が失われていた。2016 年７月，ダッカ市内でテロ事件が発生し，日本人９人を含む 20 人の貴重な命が奪われた。バングラデシュのために働いていた人たちであった。

実は，その数日前，日本に帰国していた私は，日本企業によるバングラデシュ進出を後押ししていた。

「バングラデシュの日本人に対する親近感は絶大なものがある。日本と比べて治安は全般に良いとは言えないが，『日本人である』ということが，安全保障になっている。半世紀近くをかけて，多くの海外協力隊員や開発に関わった日本人一人ひとりが，両国間の友好の礎となり，絆を強めてきた。国際協力が今日の日バ友好関係を築いた」と，ダッカ進出を検討している企業の方々に対し，東京のカレー屋さんで得意げに話をしていた。しかし，現実には，経済成長の陰で，片隅に追いやられた人々の憤懣が，マグマのごとく，バングラデシュ社会の底辺に広まり蓄積していた。ちなみに，テロ実行犯の多くは，貧困層の出身ではなく，高等教育を受けていた若者たちであった。

コラム7 COLUMN　最初に成長ありき？

2010年，私が，バングラデシュでJICA事務所長をしていたとき，国際通貨基金（IMF）のミッションが，事務所を訪ねてきた。IMFは，世界銀行とともにブレトンウッズ体制を担う重要な国際機関である。バングラデシュのマクロ経済見通しについて意見交換したいというのである。当時，円借款を中心に日本の対バングラデシュの資金援助額が急速に伸びていた。私は喜んで応じた。しかし，冒頭から，微妙な雰囲気になった。

「この国は最低でも実質X%の経済成長を続ける必要があり，そのためには…」

このように始まった議論に私はかみついてしまった。

「実質X%の経済成長が必要だとする理由は何ですか？　この国では，今，急速な経済成長のために所得格差が拡大しています。農村から都市への若年層の移動も加速され，農村コミュニティの疲弊，弱体化とともに，都市周辺スラムの拡大がみられます。成長産業の最底辺で働く女性や未成年の就労環境も悪化しています。疎外感を感じる人々の一部がイスラム過激派に取り込まれるなど，社会の分断が，静かに，しかし着実に進んでいます。以前は，ほとんど懸念されなかったイスラム過激派によるテロ活動の危険も指摘されるようになりました。経済成長とはそれ自体が目的ではなく人々がより幸せになるための手段です。この点を踏まえ，経済成長の是非やあり方を議論すべきです。経済成長は社会の変化であり，変化というものは，総体的によい変化であっても必ず痛みを伴います。多くの場合，痛みを味わうのは，社会的に弱く貧しい人たちです。IMFがバングラデシュに目指して欲しいと思っている経済成長の中身と貧しい人々に対する影響評価を教えていただけますか？　貧困層の増減，所得格差の変化，農村と都市の関係などの観点から，➚

葉は、実に便利で無難な言葉であった。この言葉は、「開発、とりわけ経済成長と地球環境の保全が両立できる」という前提に基づいており、本質的に楽観的な言葉である。反面、現実の政策決定や実施の局面で、「開発」と「環境」が相互に矛盾する状況においてどうすべきか、という問いには何も答えていない。「未来の人々の利益を損なうことがない範囲で」とはいっても、実際には、今この瞬間にも、未来の人々の利益が損なわれるかたちで温暖化ガスの排出が行われている。そもそも、未来の人々の利益を、「今」、誰がどのように代弁するのか？

勝者や強者は、自らに「持続可能な開発」というレッテルを上手に貼り、ＳＤＧｓのいくつかの目標に自らの活動をタグづけして、「これらに向けて努力しています」と表明する。立派な報告書を作成し、メディアを通じて宣伝しておけば、これまでどおりの経済活動を継続することができる。「持続可能な開発」という言葉が、伝統的な経済活動継続の「免罪符」として機能している趣さえある。

主権国家が、それぞれ自国の国力の伸長を目指してしのぎを削る現実社会においては、「持続可能な開発」といった理想主義的な言葉が、実効性を持って受け入れられることはほとんどなかった。１９９２年の地球環境サミット後の世界の状況をみれば一目瞭然である。

ＳＤＧｓが成立し、地球環境問題に関する世界中の人々の意識がこれまでにないほど高まっている現在においても、未来の世代と（自分自身を含む）現在の世代の利益を真に「対等に」扱い、未来の世代のために現在の欲求をあきらめることができるような人は、ほとんどいない。ネイティブ・アメリカンの一部は、重要な意思決定をコミュニティが行う場合は、7代先のことを考える、と言われていたが、そのような気高い文化は、アメリカ中西部の荒れ野に押し込まれ、死に絶えつつある。

内向き日本

格差についても厳しい現実がある。同じ現代を生きる人々の間で、年々、格差は広がりつつある。SDGsは素晴らしいと言い、そのために自分や自分の組織も努力をしていると語っている裕福な人々は少なくない。しかし、まず自分たちの暮らしを守ることが大切であり、貧しい人々には、あくまでも余裕のある範囲内で、というのが現実であろう。

パートナーシップを掲げるSDGsの最後の目標、つまり、ゴール17（ターゲット17・2）では、MDGs以来の議論を継承し、先進国の国民所得（GNI）の0・7％が開発途上国への支援（政府開発援助、ODA）に向けられるべきである、と謳っているが、全世界平均では0・3％にとどまっている。0・7％を達成したのは、デンマーク、ルクセンブルク、オランダ、ノルウェー、スウェーデン、英国の6カ国にとどまっている。

豊かな国々は、自国民に対する開発教育や啓発活動を含め、それぞれそれなりの努力をしてきた。日本においても、自国の繁栄が国際社会に大きく依存している、という点に関し、学校教育の現場でも繰り返し説明されてきた。近年では、小中学生でもSDGsのことを学ぶ。先進国と呼ばれる国々はほぼ例外なく、国際協力についての国民の啓発活動を推進し、血税の一部が開発途上国に対する国際協力のために流れることを容認する文化、いわば、「国際協力の文化」を醸成するために長年にわたり多大な努力を積み重ねてきている。しかし、それらは、日本を含む多くの豊かな国々において、国民所得のわずか0・7%程度を世界の開発のために費やすという国民世論の形成にさえつながっていない。そして、いずれの国も自国の経済状況が悪化すれば国際協力について国民の支持をとりつけ続けることがさらに難しくなる。これまで国際協力推進の旗手であった英国は、政府開発援助（ODA）はこれ以上増やさないと宣言した。かつて援助の調和化に熱心であった欧州の国々は、自国経済の不振に伴い、自国の貢献が「目に見える」かたちの協力にシフトしつつある。

日本の政府開発援助は、国民所得の0・3%程度で推移している。SDGsにおいても明記された0・7%という数字については、日本政府は、あくまでも努力目標として位置づけている。この目標が実際に達成されることはおそらくないであろう。近年、日本の首相が施政方針演説などで、国際協力や開発問題に言及することはめっきり少なくなった。日本の国際貢献は、政府開発援助（ODA）を通じたものから、市民団体や民間のアクターによるものが主力となりつつあると言われ始めて久しい。ところが日本のNGOやNPOの活動規模は拡大していない。むしろ、コロナ禍での資金不足ゆえに組織存続の危機に瀕しているところも少なくない。また、民間の投資や貿易の多くは、経済成長の軌道にある一部の開発途上国に限られている。最も貧しいとされている国々や長年の紛争に苦しむ脆弱国に対して、日本や日本人の支援が向かうことは依然として極めて少ない。これらの傾向は、日本の国力の低下に伴って加速し、それが、日本社会のさらなる内向き志向に拍車をかけている。

富の社会還元

ビル・ゲイツが、2021年のフォーブズの長者番付で、4位に転落したことがニュースになった。彼と彼の配偶者（当時）が、過去数年にわたって、ビル・ゲーツ・アンド・メリンダ財団を通じて、開発途上国の保健分野の状況改善のために投じたお金は、先にも触れたが、同時期に日本政府が「国として」開発途上国のためにこの分野に投じた額の2倍以上であり、また英国政府のそれとほぼ同等、そして、保健分野で圧倒的な世界最大の支援国であるアメリカ政府のほぼ4分の1である。

開発途上国の人々を感染症の危機から守り、救える命を救いたい、という彼の志は素晴らしい。日本と彼は、パキスタンやナイジェリアにおけるポリオの撲滅や、UHC（Universal Health Coverage）という世界中の人々が、保健医療サービスを受けることができるようになるためのアジェンダ（SDGsではターゲット3・8）を促進するためにさまざまなコラボレーションを行ってきた。日本が主導するUHCに関する国際会議にも彼は何度かメッセージを寄せてくれた。私は、それらの過程に関わって彼を注視してきたが、彼の貢献に感謝している。しかし、日本の納税者全員が束になってもかなわないほどの巨額の資金を彼が世界のために投じることができるということ、そして、そのうえでもなお依然として彼が世界の長者番付に名を連ねていることが、これからも世界の現実としてあってよいのか、とは素朴に疑問に思っている。

現実の世界において、強者・勝者と弱者・敗者の間である程度の格差が生じるのはしかたがないことかもしれない。人々のやる気を引き出すうえで、不可欠であるという議論も根強い。しかし、もし、世界が、このような格差を「適正に」制御すべくグローバルなレベルでの所得の再分配が可能となったら、何が起こるだろうか？　あるいは、せめて、主だった国々において、超富裕層の有り余る富を、SDGsが掲げる諸目標のために、もっと積極的に活用するための新しい仕組みができ、かつタックスヘイブンなどへの資産の退避を規制できるようになったらどうなるであろうか？　人々それぞれが豊かさや幸福を追求する自由を損なうことなく、このような「有り余る富の社会還元」を、無理なく行う仕組みの構築は夢物語であろうか？

自らが享受する豊かさを手放そうとしない傾向は、富裕層に限ったことではない。２０１８年にアメリカで行われたシカゴ大学等による調査では、アメリカ人の７割は、地球温暖化問題を脅威としてとらえており、その防止のために、月に１ドル、年間12ドルなら追加的に負担してよいと答えている。他方、国際エネルギー機関（ＩＥＡ）の試算によれば、２０５０年のカーボンニュートラルのために、世界最大の炭素排出国であるアメリカ人１人が本来追加的に負担すべき炭素コストは、年間１、２００ドル近くになる。世界人類に与えられた炭素枠が仮にすべての人々に平等に課されているものと仮定した場合、それを大きく超過しているアメリカ人は、一人当たり年間１、２００ドルを支払わなければならない。しかし、実際には、その１００分の１である12ドルしか払う気がないのである。

「誰一人取り残さない」

ＳＤＧｓの理念は崇高であるが、その実現に向けての具体的なアクションは、となると、現実には、あくまでも強者や勝者の既得権をほとんど損ねない範囲で、というのが、この世界の現実である。このままでは、ＳＤＧｓが目指す世界は実現しそうにない。

たった一言：SDGs

何度も繰り返すが、SDGsは、人類社会の金字塔であり、直接間接にその成立に関わった人たちのみならず、この理念に呼応してさまざまな努力を行おうとしているすべての人々が誇るべきものである。2019年の国連事務総長報告によれば、SDGs成立後のわずか4年で、極度の貧困は削減され、子どもの死亡率は低下し、ジェンダー平等も進展をみせ、電力に対するアクセスは向上し、労働生産性も拡大し、スラムに住む都市人口は減少している、と言われている。

もし、SDGsがなかったらどうであったか、という「歴史のIF」は検証のしようがない。貧困削減、環境、保健医療、教育その他開発課題のほぼすべてにおいてすでに幾多の国際アジェンダが存在していたわけであり、民間経済活動を通じた社会貢献については、グローバル・コンパクトやESG投資などがSDGsに先行してすでに存在していた。しかし、SDGsのように、これらを「たった一言で」くくって表現できる言葉はなかった。

このSDGsという言葉が、成立後、年を経るにつれて、日本を含む世界のより多くの人々に、特に勝者においても認識されてきているという点も見逃せない。エネルギー、ITや国際金融に至るまで、さまざまな分野における現代社会の勝者の多くは、SDGsのために活動している市民団体、シンクタンク、研究者に対して巨額の資金を提供している。富裕層や勝者にとって、ＳＤＧｓに協賛し、貧困撲滅や地球環境問題などのために資金面で貢献することは、結局のところ、自分たちが巨万の富を得ていることに対して、世の中の嫉妬や批判が向かわないための免罪符となっているのではないか、というシニカルな見方も根強い。しかし、ＳＤＧｓが、これらの勝者や強者にとっても、「無視できない存在」であり、あるいは、「利用価値のある存在」として認識されてきているという点は、前向きにとらえることもできるかもしれない。

葛城一言主神社参道にて

地元で「一言さん（いちごんさん）」と親しまれ，どんな願い事でも一言であれば叶うらしい。
出所：同行者撮影。

ＳＤＧｓは普通の人々の間にも浸透してきている。プラスチック袋やストローの節約、家庭ごみの分別から始まって、私たち一人ひとりが日々努力することが、地球環境を守ることにつながる、というメッセージが日本中、世界中にあふれている。日本のメディアがSDGsを話題にしない日はない。SDGsやESGに関する書籍や「専門家」も急増している。

これらは、日本を含む世界の人々の意識の高まりとして歓迎すべきことである。特に、日本に関しては、内向きになりがちであった日本人の知性や想像力が、世界中の人々や未来の人々の命や暮らしにまで思いを馳せるようになりつつあるとしたならば、素晴らしいことである。一人ひとりの思いが、未来に向かい、世界に向かって、日本各地、世界中の同じような思いの人々とつながりあい、スケールアップしていけば、日本も大きく変わるかもしれない。しかし、そのために、一人ひとりの善意にのみ頼っていてはいけない。ポストSDGsの在り方を考えるに際しても、世界の構造にメスを入れ、勝者や強者の意識や行動の変容にも影響を与えるような社会変革の可能性にまで踏み込んだ議論が求められている。

善意で舗装された地獄への道

「カラーテレビを好きなだけもらえるとしたら、君は何台ほしい?」

半世紀以上前、大学のゼミで先生に問いかけられたことを今でも覚えている。

「もし、『1台』と答えるなら、君はビジネスには向いていないね。今の世の中、カラーテレビは売れるんだよ。10万台を売り捌けたら、若くして君の人生は変わるんだよ」

際限なく広がり続ける人々の欲望を容認し、助長する現代社会の仕組みが果たしてこのままでよいのか？　自国優先主義を貫く主権国家、さまざまな領域での勝者や強者たち、力の強いアクターは、これからも自分ファーストで振る舞い続けるのか？　他者を追い落としても自らが優位に立とうとする競争を容認し助長する社会はいつまで続くのか？　ＳＤＧｓの名の下に私たちが目指そうとする「誰一人取り残さない」社会を尊ぶような文化はどこに育っているのか？　私たちは、どんな未来を創りたいのか？　そのために、たくさんのなすべきことの中で、限られた労力や時間を費やして特に何に重点をおけばよいのか？　私たちが今とっている行動は、本当に、私たちの目指す未来に向かっているのか？

これらについて簡単な回答はない。人によって、おかれた立場によって、回答は大きく異なるだろう。しかし、これらの問いを立て、問い続けることをやめてはいけない。視野を最大限に広げ、想像力をたくましくして、なかなか目には見えないが大切なものを深く洞察する。今、世界中でさまざまな困難や不条理にあえぐ人々や、将来、私たちの負の遺産に苦しむ未来の世代から、絞り出されるように発せられる言葉に対して、耳を傾けよう。そのために、私たちの持てる知力や想像力や感性を最大限に活用しよう。その姿勢が、私たちの未来を私たち自身で創っていく力になっていく。

「地獄への道は善意で舗装されている」

1955年、映画史上屈指の名優ジャン・ギャバンが主演した「地獄のハイウエイ」は、映画としてはB級ホラーであり、さほど高い評価を得ているわけではない。しかし、そこでは、文字通り、この箴言が視覚化され活写されている。「善意舗装会社」が、人々の善意をすり潰して、地獄へのハイウエイの舗装を行っている。

北海道にて

出所：筆者撮影。

「雀を駆逐せよ」

1958年、貧農たちが育てた稲穂をついばむ雀たちをみた毛沢東は、号令を発した。貧しい農民たちが飢えることのないように、という善意から出た言葉である。しかし、その結果、生態系は破壊され、害虫が跋扈し、米の生産量は激減した。1、500万人とも4、500万人とも言われる餓死者を出す一因になった。

私たちの持っているもの、私たちが他者に与えることができるものは限られているかもしれない。しかし、私たちの心、知性や想像力や情熱に限りはない。それらは、時を超え、空間を越え、無限の旅を続けることができる。その旅先に現れてくる地獄に至る道を避け、多くの人々が望むような素晴らしい世界に至る道筋を見つけることができるか否かも、私たちの知性や想像力にかかっている。SDGsは、そのような私たち心の旅が創り出したものである。私たちの「集合知」に関する現在の到達点でもある。そして、これらを超える次のアジェンダを創り出していくのも、私たちの「集合知」である。

さて、私たちの「集合知」はどうすれば最大限にその力を発揮するのか？　SDGsの目標年次は2030年である。次のアジェンダに向けて私たちは何を考え、いかに行動すべきか？　最終章で論じる。

第7章　未来と向き合う―SDGsを超えて―

「人類共通の基盤」

たとえば西暦2100年、あるいは、2050年、私たちは、どのような世界を望むだろうか？　私たちの近未来、SDGsの次、そしてその次を議論する頃には、人類社会は、どのような変貌を遂げているだろうか？　新たに、どのような理想を抱き、そこに至るためにどのような目標を掲げようとしているだろうか？

現代を生きる私たちの多くは、未来の世代が、私たちよりは恵まれた社会に暮らしてほしい、と願っている。多少の苦労はしても不条理に苛まれることなく、幸せな人生を生きてほしい、と心から願っている。しかし、同時に、私たちは、そのために、私たちの「今」の暮らしを大きく変えることは決してない。一部の人々が、勇気をもって行動したとしても、それのみで社会が大きく変わることは、おそらくないのであろう。

多くの人々がそう考えている。私たちの生きている世界は、そう簡単には変えることができないと思っている。私たちの世界には、さまざまな価値観や利害関係が絡み合っている。異なる状況にある人々が、未来の人類社会のあるべき姿について率直に語り合い、共通の利益に向かって協働するということなどほぼありえない。稀にそれらしきことがあったとしても、それは、流れ星の一瞬の輝きに等しい。すぐに消え去ってしまうと諦めている。ましてや、一人ひとりの力や願いなど、それがどんなに強く真摯なものであったとしても、広い世界の中では、とるに足らない。たった一人の人間の勇気ある行動が歴史を変えるという「バタフライ効果」は、自分や自分の周りで起こることは決してない、と思っている。

私は、世界の国々の半分以上を実際に訪れ、中部アフリカに住み、西ヨーロッパに住み、北アメリカに住み、そして南アジアに住んだ。そして、おそらく、世界中のすべての国の人々と、何らかの会話を交わし、交流した。もちろん、それらの旅や機会のほとんどは、日本という国やＪＩＣＡという組織の看板を背負って、（政府間の）国際協力という枠組みの中で行われたものである。私はその一瞬一瞬に最善を尽くしてきたつもりではあるが、多くの場合、そこにおける人々との交流は、極めて表面的なものに過ぎなかった。前章までで累々述べてきたとおり、私は、世界を旅する日々において、「開発」の専門家として、愚かで傲慢であった。視野狭窄で多くの大切なことが見えていなかった。多くのことについて失敗し、あるいは、極めて不十分なことしかできなかった。そして、歴史が動く重要な局面に居合わせることもたまにはあったが、そこでは単なる小さな傍観者でしかなかった。しかし、それにもかかわらず、いや、失敗と反省がたくさんあったからこそ、私の学びは貴重であると自負している。

未来に向けて、私はそれらの学びを後世に伝える義務があると思っている。さまざまな人々との交わり、多様な社会との関わりを通じて、凡庸な私が、おそらく相当の自信をもって言えることがひとつある。それは、私たち人類は、その多様性にもかかわらず、何かしらの共通の基盤を着実に形成しそれを拡大してきているということである。この点は、私が、「外国」あるいは「外国人」とのさまざまな出会いを重ねるにつれて、私の中で、おぼろげな印象から次第に確信に変わっていった。

人々が、素晴らしいと感じること、良いと思うことは、国や社会によって異なる。他者からみると不可解なものもある。擬制としての国家や社会勢力（の代弁者）が、「善である」と標榜することの中には、先鋭に対立するものもある。領土問題であったり、国内外の権力闘争であったり、希少資源の奪い合いであったり、一方を立てるならば他方が立たないことも多々ある。しかし、そのような分断と抗争の坩堝にあっても、人々が「分かち合っている」ものは、多少の曲折はあるにしても、着実に増えてきている。人々の琴線が振動した、と思えた瞬間には、常にそこには、人類共通の何かがある、と感じている。お互いに言っていることが真逆であったとしても、その状況を第三者的に（＝メタ的に）少し離れたところから観れば、同じ土俵、同じゲームのルールで、議論をしていると気づく。執筆中の今、ウクライナとロシアの双方がサボリージャ原子力発電所への武力攻撃についてお互いを非難している。彼らの主張は真逆である。しかし、少なくとも「原発への武力攻撃を濫りに行ってはいけない」という規範、そして、「それをあからさまに行ったものは、国際社会から強く非難される」という認識は、すでに確実に共有されている。

わかりあうために

対立する人々、価値観の大きく異なる人々が同じ土俵に立つために、高度な外交術やコミュニケーションのテクニックは、もちろん場合に応じて必要とされるであろう。しかし、彼我の違いを乗り越えて、人々がわかりあうための基本は、極めてシンプルである。しかも、その要諦は、プライドの高い大人たちよりもむしろこどもたちの方が、あるいは自らの過ちを素直に認めることが難しい権力者やエリートよりも普通の人々の方が、よく心得ているといえるかもしれない。

言葉にしてしまうと月並みな表現となってしまうが、私の経験値は次のようなものである。まず、相手に対する理解と尊敬と感謝の念をもち、伝える。そして、相手にとっても自分にとっても、世界全体にとっても、Ｗｉｎ-Ｗｉｎ-Ｗｉｎになる道を共に探したいと願い、伝える。これだけである。もちろん、演技ではなく本気で。知情意、自分の持てるすべてを動員し、全身全霊を傾けて願い、そして伝えることが大切である。

ただし、同じイシューであっても、それをどのようなタイミングで、どのような状況下で行うか、によって難易度は劇的に大きく変わる。１９７８年のカンボジアのキリングフィールドに立って上官に対して、あるいは、１９９４年のルワンダの首都キガリの郊外で武装民兵に対して、「Ｗｉｎ-Ｗｉｎ-Ｗｉｎになる道を共に探したい」と伝えても、一笑にふされ、次の瞬間殺されるだけである。しかし、惨劇に至る歴史を注意深く遡っていけば、普通の人の身の丈で相当のことをなしえた状況が過去に必ず存在したことを私たちはすでに知っている。

共に創る

今、テレビでは独裁体制をとる某国の指導者の演説に驚喜し、感涙する人々の姿が映し出されている。多くの「外国人」にとって、演説の内容は受け入れがたく、あるいは不可解であり、それに涙する人々はある種のフィルターバブルの中にいて集団ヒステリーに冒されているかのようにもみえる。しかし、彼ら一人ひとりの心の中にある、自分や家族の幸せを願う想い、自国や社会の発展を願う想いは、他国の人々のそれと変わらない。さらに、当該国家権力が、どれだけ厳しい情報管制を強いても、人類や地球の未来に関して国際社会でなされている議論は着実に彼らの社会にも浸透し、彼らの考え方や感じ方に少なからず影響を与えてきている。現代社会において、完全なる情報の孤島は存在しない。

何度も述べてきたように、ＳＤＧｓは人類社会の金字塔である。人類史上の画期的な出来事である。しかし、長い人類の歴史からみると、これから私たちが歩んでいく未来に向けての単なるひとつの通過点に過ぎない。私たちは、今から、ＳＤＧｓの次、その次、またその次の世界を見通していかなければならない。そこで、私が、まず何よりも強く願うのは、さまざまな人々が多様性を乗り越えて共に未来を創るという試みに挑み続けることである。人類社会が、人々が、国々が、協働して、未来を見つめ、彼我の違いを乗り越えてわかりあえるところ、共感しあえるところ、「共通の基盤」を同定し、共有可能な未来の夢を創り上げていくことである。

そこでより一層の注意が払われるべきは、そのプロセスである。コラボの結果、どのような人類の夢が共有されるか、第二第三のＳＤＧｓの内容がどのようなものになるか、という中身はもちろん重要である。しかし、見過ごしてはいけないのは、協働するという行為がもつ意味である。人々が、彼我の違い、多様性の中の緊張感とハンディキャップを超えて、「未来を共有し創造しようと試みる」という行為、あるいはそのプロセスそのものに私は大きな価値があると思っている。誤解の無いようにしたいが、中身や結果は現実的な妥協の産物か、毒にも薬にもならず、あるいは、単なる絵に描いた餅であって、どうせ大したものになりそうにないので期待しない、というのではない。困難なプロセス自体が、近い将来における多様な人々・社会の間の信頼感を醸成し、将来にわたってさらなる協働可能性を高め、さまざまな予測不能な危機の襲来に対して、人類社会全体が強靭性を発揮するためのグローバルな公共財を必ず生み出すことになると信じるからである。

ニジェールほかアフリカ各地における「みんなの学校」プロジェクト、そこで組織された学校運営委員会は、単に、こどもたちに教育サービスを届けるというプロジェクト目標を達成するための活動に終わらなかった。それらを通じて、地域社会に、そして、国によっては国全体に、連帯と信頼の輪が生まれ、協働のスピリッツが育っていった。国際協力の営みの中で、私たちが仕掛けたことの多くは、失敗し、あるいは、「小さな成功物語」に終わってしまったが、そうでなかったものも少なからずある。それらは、人々の主体的な活動に育まれ、社会変容を引き起こしている。その渦中にいた人々が感じることはおおむね共通している。「望ましい状況を意図し、考えや利害の違いを乗り越えて共に行動すれば、変わる」と実感するのである。この共通体験が、次なる社会変革へのステップとなる。

紙幅の関係で事例を詳述できないのが残念だが、私が4年9カ月在勤したバングラデシュでは、まさに、このような人々の輪の広がりを私はさまざまなところで目撃してきた。それらの輪は、当初のもくろみを超えて、より汎用性の高い力を生む。さまざまな社会問題を解決するベースになるような汎用性の高い能力が、人々の間に生まれ、地域社会に根づいていく。たとえば、ノルシンディで開始された母子保健のプロジェクト。当初、母子保健サービスの向上を目的として、これに関わるさまざまなアクターにより構成された地域の寄り合い(Community Support Group)は、後に、母子保健という枠を超えて、生活習慣病の予防その他の健康イシューを解決するためのグループに発展する。そして、さらに、保健の分野を超えて、家庭内暴力や学校教育の問題にまで関わろうとするグループも現われた。

多様性から浮き上がる共通性

逆説的な言い方かもしれないが、多様性を意識すればするほど、共有可能なもの、あるいは、中核にあって共通に重視すべきものが見えてくる。世界中の200近い国・地域は、言うまでもなく多種多様である。国の抱える課題も、可能性も、置かれている状況も、ベースになる価値観も、千差万別である。しかし、国の基本的なかたち、国を構成する人々、国の課題解決能力、それを生み出す人々の関係性、対外関係など共通の座標軸を設け、「比較の視点で」数多くの国々をみていくと、そこにおいて、当該国が国として持続的に発展していくために何が必要か、という問いに関するいくつかの着眼点が立体視される。それは、その国だけを「専門的に」どんなに深く細部にわたって見つめても決して見えてこなかったものだ。さらに、それらが積み重なると、国の態様如何にかかわらず、国や社会や人々にとって「共通して」大切なことが浮き上がってくる。国家を説明する事象と言説はほぼ無限に存在するが、それらに対して、多様性とその比較というフィルターを介在させることによって、さまざまな国家においても共通する課題や、これに対する「共通の処方箋」らしきものが浮かび上がってくる。

もちろん、その過程では、相互に衝突し合うような、さまざまな価値観の間の矛盾や相克をどこまで克服できるか、という厳しい問いが常につきまとう。とりわけ、独善的で頑なな態度をとる人々や国々との間で、あるいは、過ちを決して表立っては認めようとしない権威主義の無謬性との対峙において、私たちは大いに戸惑い、悩む。しかし、そこで心の回路を閉ざしてしまわずに、彼らと向き合い続けると、意外なところから、意外な解決策が見えてくることが少なくない。人と人の間のみならず、国と国においても同様である。

幸いなことに、擬制としての国や社会というものは、どれをとっても必ず多様性を内包する。内部が完全に均質なアクターで構成されている国家や社会はひとつもない。それらが地球上のどこに存在しようとも、その一つひとつがそれなりの規模をもち、多様なアクターで構成されている。一見極めて均質性の高い国や社会であっても、大いなる多様性とそれらが生み出す変革のダイナミズムが潜在している。

SDGsの次、そのまた次、そしてさらにその次の議論を国際社会が行うとき、主権国家やその他のアクターが、果てしない多様性の中から、共通の基盤を見つけ出すための努力を怠らないこと。真摯に、根気強く、倦むことなくその努力を継続すること。さらに言えば、そのプロセス自体から生成してくる有形無形の資産を根気よく育んでいくことが、不確実性のベールに包まれた未来を人類が生き抜く力につながる。

国連の「招集力」

今世紀末に向けて、あるいはその先を視野に入れた人類の未来のあり方を議論する場として、国連は、引き続き重要な役割を果たし続けるであろう。多くの識者がすでに述べているように、国連がもつ「招集力（Convening Power）」の意義と可能性に対して、私たちは、これまで以上に、より多くの注意を向けることが望まれる。国連をみんなで守り育てるための努力を惜しんではならない。

現在の国連は、第二次大戦中に構想されたものとは異なっている。当初国連は、前身となった国際連盟の教訓を活かしながら、世界の強力な安全保障装置として役割を果たすことを期待された。しかし、残念ながら、国連は、それらに対して多くをなしえなかった。常任理事国による相次ぐ拒否権発動は、国連憲章の枠組みにおける強制行動の発動を妨げた。第三次世界大戦こそ起こらなかったが、世界の各地で悲惨な戦争や暴力行為が繰り広げられた。冷戦構造崩壊後は、これまで想定しなかったかたちの武力紛争が頻発した。

しかし、他方で、国連は、「開発」や「環境」などを巡るグローバル・イシューの領域では、当初の期待を大きく上回る役割を果たしてきた。４次にわたる「国連開発の十年」から、ＭＤＧｓを経て、ＳＤＧｓに至るプロセスは、「開発」を巡る国際世論の形成に大きく寄与した。それのみならず、「開発」への取組みを通じ、人類社会全体の凝集性を高め、一体感を強めることにも貢献した。国連は、世界中のたくさんの人々の視野を、国家から人類社会全体へと拡げることにも貢献した。

そして、国連は、これらの領域において、今後、より大きく重要な役割を果たす可能性がある。ただし、世界政府樹立に向けての多幸症的な夢のことではない。過去も、現在も、未来（少なくとも近未来）も、国際社会において、主権国家の決定的な役割は変わらない。おそらく相当遠い将来においても大きく変わることはない。国家を超えたクロスオーバーなアクターや、あるいは、国境を越えた人々のグローバルなネットワークが、主権国家に取って代わることもない。

しかし、それらのアクターやネットワークによる主権国家に対する影響力は、今後も着実に増加する。国連におけるノン・ステーツ・アクター（非国家的主体）の参画は、単なるアリバイ（＝多様性を尊重していることをアピールするための演出）ではなく、国連における加盟国間の重要な意思決定に対して今後ますます大きな影響を及ぼしていくことになろう。

新しいアクターたち

新たな招集力が発揮される場は、当然ながら、国連の場に限らない。たとえば、文化・芸術等の領域では、さまざまなかたちでグローバルなネットワークが生まれ、育ちつつある。それらが、主権国家間の議論に対して直接的な影響を与えることは難しいかもしれない。しかし、たとえば、多様性を尊重しようとする文化を醸成することには確実に寄与している。

２０２２年7月、ベネチアビエンナーレ国際美術展では、80カ国を超える国々から芸術家が参加した。この美術展は、１８９５年からほぼ2年に1回実施され、世界中から数十万人の人々が訪れる。さまざまな曲折を経つつも今日まで継続している。日本経済新聞によれば、今回の展示の多くは、人種問題や性差別、あるいは、長年周縁化されてきた少数民族の尊厳を問うものであった。「アートで世界に変革を迫る」である。ちなみに、日本館では、京都市立大学の学生を中心に結成されたクロスオーバーの芸術家集団「ダムタイプ」が、音と映像の「インストレーション2022」を展開した。館内では、「どうして国は分かれたの?」という問いかけが繰り返し流されたようだ。一般市民が殺人を犯すと重罪に問われるのに、国家と国家が争い、多くの人々の命と暮らしが奪われても、誰も罪に問われない。現代社会の矛盾について、容易に回答は得られないとしても、その矛盾を意識し続けるためにも、この古くて新しい問いを立て続けることは重要である。

コロナ禍において、人々の健康と経済の双方に関する被害を最小限にとどめることに成功した社会として、台湾が注目を浴びている。台湾における参加型民主主義、しかも、最新のICT技術を駆使したデジタル民主主義によって形成された新しいタイプの社会関係資本に世界の関心が集まっている。そこには、自分のもつICT技術やノウハウを公益のために差し出そうとするシビック・ハッカーたちが大きな役割を果たしている。ICT担当大臣として活躍しているオードリー・タンは、政府が国民に対して徹底した透明性を確保することと、そのうえで、さまざまなアクターの政治過程への主体的な関与を重視する。その姿勢こそが、過去の感染症対策の失敗からの学びを可視化し、今回のコロナ対策に活かすことに役だったともいえる。「開発」のモデルを喪失した感がある現代社会において、あるいは、「脱開発」の世界において、新しいアクターたちの活躍を引出す台湾のやり方は、新たな未来のモデルをイメージするためのヒントにもなるかもしれない。

「向こう岸」の隣人

国際社会において、共通の未来の在り様を議論し、その実現に向けて協働しようとする際、おそらく私たちは、手始めに、気心の知れた仲間との対話、あるいは、基本的な価値観を共有している友好国との対話から始めようとするであろう。私が関わった国際協力、あるいは、開発途上国の「開発」に関するさまざまなアジェンダ・セッティングにおいても、まずは、「同じようなことを考えているアクターの集まり（Like-minded group）」との対話からスタートして、そこで勢力を拡大しつつ、「新しい国際潮流を創っていく」というアプローチをとることが多かったし、今後も続けられるだろう。

しかし、そのようなアプローチだけでは、おそらく私たちはさほど遠くには行けない。多くを為すこともないだろう。激しく大きく変わる時代のまっただ中で、ポストSDGsのように普遍的な枠組みを作ろうという困難な挑戦においては、より早い段階から、異なる価値観を持つ国家やアクターとの対話が極めて重要になる。私たちは、最も彼我の相違が大きいと思われる関係性に対してこそ、より多くの関心と敬意を払わなければならない。

日本では、報道が少なくあまり知られてはいないが、中国は、SDGsに対して、少なくとも一般の日本人が想像する以上に積極的に取り組み、貧困削減や地球温暖化対策などの領域において目覚ましい成果を上げている可能性がある。中国政府は、第四次五カ年計画（2021

－2025年）の各項目においても、SDGsへの取組みを明示するだけでなく、実際にそれらに取り組む際に、さまざまなアクターを巻き込んでいる。SDGsを国内において達成するために、今や世界トップクラスの大学となった精華大学ほかのアカデミアやアリババ、ウエイボなどの企業も参画し、産官学を挙げて、先端的な手法を開発し、SDGsに対して積極的に取り組んでいる。先述のとおり、MDGsにおける貧困人口の半減という目標は、中国なしには達成されなかった。SDGsにおいても、少なくとも貧困撲滅に関しては、中国のパフォーマンスが人類社会全体の目標達成の度合いを大きく左右する。環境関連も然りである。

中国国内におけるさまざまな試みから、他の多くの貧しい国々が学びを得ることもありうる。中国政府はその意義と可能性をより強く意識し始めている。アフリカをはじめとする世界各地において、中国国内の経験値を活かした国際協力を展開しようとしている。中国はこれまで、開発途上国に対しては、多額の借款を通じたインフラ整備等の支援に重点を置いてきた。しかし、そのやり方については、国際社会や実際に支援を受けた開発途上国からの批判も少なくない。そこからの教訓も得つつ、今後は、資金協力一辺倒、インフラ整備一辺倒ではなく、知識やノウハウの共創を目指す協力を強化していくことになろう。

ちなみに、少なくとも、前世紀末までは、知識やノウハウの共創を目指すといったアプローチは日本のお家芸であった。日本国内ではあまりよく知られていないが、日本は、開発途上国の人々と同じ目線に立ち、資金の協力のみならず、技術協力や青年海外協力隊などの人を通じたきめの細かい協力によって、多くの国々の信頼を得てきた。日本は、貧困や公害を克服した、自らの「開発」の生々しい経験と教訓を開発途上国に伝えてきた。前世紀まではそのような経験を開発途上国で適用するための人財も豊富であった。

「日本の協力には露骨な野心がない。技術も高いし誠実で信頼できる」

ごく最近までは、アジアやアフリカの要人から、たびたび聴かされる「社交辞令」に、(私を含む)日本の国際協力関係者は、溜飲を下げていた。確かに、中国のこれまでの対外政策、とりわけ、国際協力のアプローチについては批判も多い。トップダウンの強力なリーダーシップは、日本が足下にも及ばないスピード感を生み出している反面、なりふり構わないところもある。世界においてより強大な影響力を発揮したいという動機もしばしば露骨なかたちで表出する。

中国国内の目覚ましい経済成長と社会開発の成果、とりわけ、貧困削減に関しては、共産党中央からの強力なリーダーシップのみで片付けられるものではない。あれほど広大な国土の多様な地域社会において緻密に政策を立案し、それぞれの地域社会の個性や制約を踏まえて実行するには、国内の各地域、各層における多くの人々の主体的な参画と貢献が不可欠である。社会各層の人々、地域社会の人々それぞれの問題意識、とりわけ、中国社会に広がる格差や環境の悪化に対する強い危機感もその背景にあるだろう。さらに、中国社会各階層のリーダーの多くが、海外留学などによって国際世論の動向に通じていることも見逃せない。彼らを通じ、SDGsその他の国際アジェンダに関する国際世論に対する普通の中国人の意識は、もしかしたら私たちが思う以上に向上してきているかもしれない。

「雪解け」を見据えて

2020年11月、プーチン大統領は、温室効果ガス排出量削減に関する大統領令に署名した。ロシアにおいて環境問題が山積し深刻化していることについて、ロシアのみならず国際社会も、危機感を募らせている。他方で、同国内での取り組みや、この問題を巡るロシア人の意識の変化などについては、ロシア国外においてほとんど知られていない。

日本のベンチャーである「RouteX Inc.」は、ロシアのスタートアップ・エコシステムに関する調査を、(少なくともコロナ禍以前までは)累次行ってきた。彼らの理念は、世界における「情報の非対称性」を解消することである。同社によれば、たとえば、廃棄物処理の分野におけるロシアのスタートアップ企業「Ubirator」は、リサイクル可能なごみを企業から回収し処理施設まで運搬するサービスを開始している。ちなみに、同社の最高執行責任者(COO)であるセルゲイ・カリトフは、カワサキ・モータースのロシア支店で開発ディレクターを務めていたらしい。また、「Geovita」は、環境にやさしい食品容器やカトラリーについて、増加するロシア国内の需要に対応すべく、サトウキビやコーンスターチなどを原料にして堆肥化可能な製品を製造、販売しているという。

これらは、現時点では、ロシアの環境問題を解決するためには、とるに足らない小規模なものに過ぎないかもしれない。しかし、環境問題に関するロシアの普通の人々の意識の着実な変化や新しいニーズの動向を敏感に捉えており、これから伸長していく可能性がある。これらの活動が、国内外のさまざまなアクターと連携し、拡大・発展していくことによって、近い将来、ロシア人の環境意識のさらなる向上と、ロシアにおける環境問題の目に見える改善につながっていくかもしれない。ロシアの環境問題が深刻なだけに、その改善による伸び幅も大きい。

これらの試みの影響は、環境の領域にとどまらない可能性もある。ロシアの人々が、自国の利益のみならず、国際社会全体の利益にもなることのために、自分たちが主体的に動いたという経験は、（環境問題以外の）さまざまな領域の社会変革において活かされるかもしれない。しかも、もし、その際、ロシア人が日本人その他の外国人とコラボして、「自分もパートナーも世界も」という「三方良し」を共に目指すなら、そこで形成された関係性は、ロシアと国際社会の間における信頼の醸成や再構築に向けての礎石にもなる可能性もある。

「億単位」の英知を「超SDGs」のために

国連によれば、SDGsの形成プロセスには世界中からおよそ1千万人が参画した、と言われている。ポストSDGsのプロセスでは、億単位の人々の参加を求めたい。しかも、できるだけ多様な国々、できるだけ多様な立場の人々が、できるだけ早い段階から、議論に参加してほしい。特に、国連や豊かな国々の優秀な官僚や専門家たちが見事な未来設計図の案を描いてしまう前の段階、さまざまな問題が整理されていない星雲状態の段階から、多様なアクターの参画が実現することを私は、国連の関係者に対し強く提案したい。

そこでは、当然のことながら、国連の「招集力」がいかんなく発揮されることが期待される。国連に直接関係のないところでも、さまざまなかたちで、多様な人々が、人類の未来について、「自分たち自身の問題として」真剣に考え、かつ他者の多様な考えについて知る、という機会をもつことができれば、なおさら素晴らしい。これらは、現在私たちが有している情報通信技術やそれを基盤とするさまざまなコミュニケーション・ネットワークを駆使すれば、夢物語ではない。私たちが強く望み、それぞれの立場でそのために行動すれば大いに実現できることである。

日本人よ、「一歩前へ」

日本では、幸いなことに、ＳＤＧｓは、さまざまな人々によって広く知られ、しかも好感をもって受け止められている。国際社会が掲げるアジェンダに対して、日本社会がこれまで積極的に反応したことは、おそらく前例がない。しかも、こどもたちを含む幅広い年齢層において認知されている。「ＳＤＧｓをいかにして実現するか？」、あるいは「ＳＤＧｓにいかに貢献するか？」という問題意識は多くの日本人によって共有され、人々がそれぞれの立場と能力を活かして工夫を凝らしている。

しかし、それだけではもったいない。これをさらに一歩進めたい。重要なのは、「ＳＤＧｓのために何をするか、何ができるか？」という問いのみにフォーカスするのではなく、その一歩先、つまり、「超ＳＤＧｓ」の視点である。「ＳＤＧｓを超えて、より遠い未来を見据え、どのような社会を私たちは目指したいのか？」という新たな問いを、しかもできればできるだけ早く、しかもできるだけ多くの人々を巻き込んで、掲げ、これに取り組むことである。

未来を担う世代の「時空を超える想像力」

日本で会社社長の平均年齢は62・5歳である。２０５０年に、現在60歳前後の日本人が生き残っている確率は、おおよそ4割程度である。２１００年になると、今のシニア世代はほぼ確実にこの世にいない。2050年には、今の小学生たちが、社会の中核を担っている。2100年の世界でも、彼らの半分以上は生き残っている。世界中のこどもたち、となると、少し割合は減るが、それでも、少なくとも3割、おそらく4割くらいは、今世紀末まで生きる。これからの時代は、こどもたちの時代である。彼らには、人類社会の未来を切り開き、自らの人生を生きていく権利があり義務がある。私を含むシニア世代や、これに続くミドルの世代が果たすべき最も重要な役割は、これらのこどもたちが、そのもてる潜在的な力を最大限に発揮して、この権利と義務をよりよく全うするための土台を作ることである。

先にも述べたが、ネイティブ・アメリカンの中には、社会全体にとって重要な意思決定や行為をする場合に、7世代先のことを真剣に考えるという文化があるらしい。私たちは、7世代先の社会にまで生き延びることはない。しかし、私たちは、その気になりさえすれば、想像力を駆使して、未来に思いを馳せ、望ましい社会の構築に向けて、「今」、何が必要かを考え、そのために行動することができる。

もちろん、善意が必ず善を為すとは限らない。歴史が示すとおり、私たちは、常に過ちを犯す。人類は、前世紀の2つの世界大戦を防ぐことができなかった。辺境の地とみられていたアジアやアフリカの国々での凄惨な虐殺を防ぐこともできなかった。また、中国の文化大革命のように、若い世代を巻き込んだ人々の熱狂が社会の大混乱を引き起こすことを防ぐこともできなかった。しかし、私たちは、それらの痛ましい経験から多くを学んでいる。これから私たちに降りかかってくるさまざまな困難な課題を紐解くために必要な視野の広さと謙虚さを私たちは学んでいる。これらをしっかりと次世代に引き継がなければならない。

今、米中、米ロ対立や、デジタルディバイドや経済のグローバル化が増幅する格差、難民問題その他に関する欧米のダブルスタンダード的な振る舞い（たとえば、アフガニスタン難民とウクライナ難民の扱いに関するもの）に対する貧しい国々の反発など、さまざまなかたちでの対立と分断が、国際社会や地域社会のさまざまなレベルで進みつつある。このような時こそ、私たちがもっている「時空を超える想像力」を発揮しなければならない。そして、それらをしっかりとこどもたちに引き継がなければならない。

カンボジアやルワンダで実際に起こった悲惨な虐殺の現場において、普通の人々、私たちのできることは無いに等しかった。しかし、一見、抗うことができないと思える不条理な歴史の大きな流れも、源流を注意深く辿っていけば、泉から湧き出たばかりの慎ましやかな流れにたどり着く。それに気づきさえすれば、普通の人々の普通の努力で、そこに影響を与える可能性も見えてくる。こどもたちが、「時空を超える想像力」を身につけ、武力紛争や対立・分断の種を早い段階で摘み取り、あるいは、平和の種を植え、その芽を育んでいけるように、大人たちは全力を尽くさなければならない。

日本のこどもたち、若者たち

２０２１年の年頭、日本でこども向けの新聞を発行している全国21の新聞社が協働して、全国の小学生1年生から6年生（6歳から12歳）を対象に、「より良い世界をつくるためには」というタイトルで行ったアンケートの結果を公表した。これから見えてきたこどもたちの姿は次のとおりである。

①ＳＤＧｓを知っているか?：はい48・5％（6年生：74・6％）
②17の目標で興味があるのは?　海の豊かさを守ろう38％、安全な水とトイレを世界中に33・9％、人や国の不平等をなくそう31・9％
③地球の未来が心配だと思うか?：はい85・2％（よく思う32・4％、ときどき思う52・8％）
④環境のために何かに取り組んでいるか?：はい92・2％
⑤今暮らしているまちに大人になっても住み続けたいか?：はい79・3％
⑥「多様性」と聞いて思い浮かべるものは?：障害のある人もない人も、一緒に働いたり、スポーツする45・1％、はだの色や文化、宗教の違う人が一緒に暮らせる38・7％、考え方が違うひととも仲良くできる37・3％、女性も男性も活躍できる33・1％、よくわからない21・2％

⑦日本と世界が国際協力で取り組むべき分野は？：争いを減らす60・7％、地球温暖化など環境問題58・8％、貧しい人を減らす48・5％、お互いの文化を知る33・9％、教育の充実を図る21・8％

（こども新聞サミット実行委員会資料（２０２1年3月25日）より抜粋）

こどもたちの、このような姿を知って、勇気づけられるシニア世代、ミドル世代も少なくないのではないかと思う。もちろん、日本のこどもたちの意識が比較的高いということがわかっただけで、人類社会の将来を楽観視することはできない。大切なのは、日本を含む世界のこどもたち一人ひとりが、可能な限り早い段階から、人類社会の未来に関心をもち、自分たちの問題として受け止め、そのための各人の役割について「問いを立て続ける」という習慣を身につけることである。単に学校教育の現場のみならず、さまざまな機会を捉えて、大人たちが、こどもたちとともに考え、ともに行動する努力が欠かせない。そして、このことは、私たち一人ひとりが、身近にいるこどもたちに対して、ささやかな努力の積み重ねでできることでもある。

内閣府が実施した「２０１９年度子供・若者の意識に関する調査」（13歳から29歳対象）では、「日本の未来を良くするために何か行動をしようと思っていますか？」という問いに対しては、次のような結果がでている。

「仕事や学業を通じて貢献したい」（32・3％）
「考えてはいるが具体的にどのようにすべきかわからない」（23・9％）
「社会的企業、ボランティアなどに参加して直接社会をよくしていきたい」（15・1％）
「寄付やチャリティなどを通じて社会に貢献していきたい」（14・6％）
「政府や他の人がどうにかしてくれると期待しており、自分に何かができると考えたことはない」（7・8％）
（提示された選択肢のうち）「どれともいえない」（32・4％）

小学校を卒業し、中学、高校を経て20代へと進んでも、「社会を良くしたい」という意識は、漠然とではあるが、依然として保たれている。しかし、「考えてはいるが具体的にどのようにすべきかわからない」という人の割合が4人に1人。彼らが問いを立て続けることをしっかりと見守って行く必要がある。また、「どれともいえない」が3人に1人。この中には、いろんな若者たちがいるとは思うが、彼らが、今後、どのように考え行動するか、が、これからの社会の方向性を大きく左右する。

２０２１年度就職を決定した大卒予定者に対し、ディスコが行った調査によれば、就職先企業を決めた理由のトップが、「社会貢献度の高さ」（30％）であるとのニュースが話題になった。以下は、第二位：「将来性がある」（28・5％）、第三位：「職場の雰囲気が良い」（26・5％）、第四位：「給与・待遇が良い」（25・9％）、第五位：「福利厚生が良い」（25・5％）となっている。類似の調査によっても、近年、若者たちが仕事を探すに際して、社会貢献度を一層重視する傾向が観察されている。また、内閣府等による別の調査で、社会に貢献するということと、仕事を楽しむということの間に負の相関があることが知られている。つまり、社会貢献を重視する若者たちが増えてきている一方で、仕事を楽しもうとする若者たちが減ってきている。もし、社会貢献が、自分のやりたいことや、楽しいと思うことではなく、何らかの義務感のみに突き動かされて行われるものであるとすれば、長続きしない可能性が高い。気になるところである。

公益追求の新しいかたち？

広く世界を見渡すと、利益追求のみでも、公益追求のみでもない、社会的組織の第三の道の模索はすでに始まっている。アメリカのメリーランド州やデラウエア州その他多くの州において、社会問題の解決を目指す会社、あるいは、株主利益のみならず公益を併せて追求する会社組織のための制度構築が始まっている。ドイツの公共出資会社（シュタットベルケ）は、自治体と民間企業の新たなコラボのあり方を模索する。中国でも、「共同富裕」を目指し、企業を人民への貢献度に応じ選別し「資本に信号機をつける」作業が進められつつある。日本でも遅ればせながら、２０２２年4月、プライム市場上場会社は、気候変動関係の情報開示を義務づけられた。「消費から持続可能な社会を創る市民ネットワーク」は大阪大学などとコラボをして、「企業のエシカル通信簿」を始めた。これらの試みは、アダムスミスの「道徳感情論」が呈示した課題に対する現代版の回答であり、あるいは、新しい時代における「共感資本主義」の追求の一環であると位置づけられるかもしれない。

ここで古くて新しい問題は、「公益」というものをどのように考えるか、という点である。「公益」の名の下に、特定の考えやイデオロギーの押しつけにならないか？　時の権力や声の大きい人々に迎合する組織が選別されていくのではないか？　などといった懸念がつきまとう。

これらの多様な試みの一部は失敗し、淘汰され、あるいは、一部は成功して生き残り拡充されていくであろう。大切なのは、それらのプロセスに対して、若者たちが、主体的に参画し、自ら考え、経験し、教訓を得るということである。それによって、彼らが、多様なアクターと協働して、試行錯誤を繰り返しながら未来設計図を描いていく力を身につけていくことができる。

「100カ国、1億人」のこどもたち

近年、こどもを主役に据えての会合や活動が日本のみならず世界の各地で増えてきており、それ自体は大変望ましい傾向ではある。しかし、残念なことに、それらのほとんどは、それぞれ大変な労力と手間暇をかけながらも、一過性の小さなイベントに終わってしまっている。もちろん、手作り感満載の心のこもった小さなイベントはそのそれぞれが素晴らしい。はっきりと目には見えなくても、一つひとつが、こどもたちの心に貴重な種を植えているのであろう。

しかし、ポストSDGsの時代において、私たちが、これまで以上に、真剣に考えなければならないのは、それらの小さな試みをより頻繁に、あるいは常態化し、しかも、何らかのかたちで有機的につなげ、やがては、大きな社会変革のうねりを引き起こすような規模の活動に育て上げていくことである。ポストSDGsにおいては、そのような「仕掛け」についても、議論がなされることを期待したい。あるいは、SDGsの第17目標であるパートナーシップをポストSDGsにおいてどのように発展させるか、を議論する際に、論点として欠かせないものであると私は考える。

2022年8月、「第三回子ども世界平和サミット」が東京で開催された。このサミット

は、10代のこどもたちが、それぞれの視点から、世界平和への取組みについて自らのアイデアを披露する場である。主催は、一般社団法人ピースプロジェクトで、外務省や広島県教育委員会の後援を得ている。小規模な会合で、メディアの注目度も低い。しかし、この試みは、2025年大阪・関西万博の「TEAM EXPO2025」プログラムの競争チャレンジとしても正式登録されており、ゆくゆくは、「100カ国1億人」のこどもたちを巻き込んでの活動に発展させることを目指している。ここでは、世界平和を、「(世界中の) こどもたちが安心して暮らせる地球を創ること」と定義している。サミットは、「平和を創るこどもたちを育てる」ために企画された。私がこの企画を素晴らしいと思うのは、参加するこどもたちの目標人数を、「100カ国から1億人」と野心的に設定している点である。

ジェリコの地域開発のところでも少し触れたが、もし、パレスチナとイスラエルの両地域にいるこどもたちが、それぞれ相手のことを真に思いやるような情操と、そのような思い遣りを実際に発揮した経験をもつ人間に育っていったならば、これらの地域の未来はどうなるであろうか? 前世紀末、両地域のこどもたちを日本に招致し、日本のこどもたちとサッカーに興じる、というプログラムが日本の学生たちの企画によって行われたことがあった。プログラムが終わり、彼らが帰国の途に就く頃には、三者の間に、さまざまなかたちの友情が生まれていたであろう。こども時代にそのような経験をした人間が、果たして、自ら進んで相手方に銃を向けるであろうか？　石を投げるであろうか？　もし、そのような経験をした人間のペアが、両地域にまたがって1万組、あるいは、数十万組の規模となり、両地域のそれぞれにおいて無視できない存在となったとき、両地域の和平はどのように進むであろうか？　ポストＳＤＧｓに向けて、このような議論もぜひ行ってみたいところである。

認知空間の広がり

ハラリの名著『サピエンス全史』によれば、人類が、直接見たり聞いたり経験したりしたこと以外のことを認識できるようになったのは、およそ7万年前の出来事であるらしい。彼は、それを「認知革命」と呼んだ。人々は、神を信じ、宗教に帰依し、コミュニティや国家に自らのアイデンティティを見出し、民族に帰属し、さまざまな虚構を信じるようになった。そして、それらの虚構によって自らの価値観を再構成し、時と場合によっては、それらによって自らの暮らしを律し、あるいは、自らの尊厳の拠り所をそれらに求めるようになった。帰依した神や帰属する国家のために、命を差し出すことさえ厭わなくなった。

今日、私たちは、望む望まないにかかわらず、過去の人類の誰よりも、より広汎で複雑な虚構の中にいる。それは、必ずしも、私たち一人ひとりの知力や感性や想像力が昔の人々より豊かで優れているということではない。私たちが「進歩」あるいは「開発」と呼んできた先人たちの積年の営為の積み重ねの結果である。そして、そこに、「人類社会」や「地球生態系」などという新たな虚構、あるいは新たな認知領域が加わった。

私が、40年近い職業人生において、体感したのは、この新たな虚構が、人々の心の中において、一層の存在感を増すという変化であったのではないかと思う。私にとって、「人類共通の基盤」とみえたのは、実は、「人類社会」という新たな認知空間に、より多くの人々の想像力が参入していった結果ではないか、と思う。私たちは、全陸地面積、1億4、864万7千平方キロメートルに散らばる80数億人の一員であると自らを認識する。そして、自らの存在は、5億1、006万5、600平方キロメートルに及ぶ地球生態系に帰属していると認識する。私たちの想像力は、今、この広い空間を駆け巡る。しかも、現在のみならず、その過去から未来へと思いを馳せる。

「人類社会」という認知空間で育まれたSDGs

SDGsは、そのような認知空間の広がりが具現化する時代に育まれた人類史の金字塔である。人類が、主権国家という虚構を経由して、協働し、「人類社会」全体という新たな虚構に関する望ましい未来の姿を描き、そのために実現が必要な具体的な目標の設定について合意に達した。これは、人類史上初のことである。そこで、人々の意識は、自らを育む陸や海、地球の生態系という物理的空間にまで及んだ。人々の意識は、国家、コミュニティ、組織などという政治的、経済的あるいは文化的擬制や、保健、福祉、教育、環境、エネルギーなどのさまざまな分野における課題に思いを馳せ、ジェンダー、障害などという社会的属性に至るまで、「人類社会」という新たな認知空間を縦横無尽に駆け巡った。

「人類社会」は、これまでの認知空間や虚構と決定的な違いがある。「人類社会」という認知空間は、その認知によって他者を区別することになる、国家や宗教や民族などと異なる。すべての人々が帰属する空間を意識するということは、つまり、人類全体の共通益を考えるということに帰結するという点である。そして、SDGsは、無数にあるとも思われる現代人類社会の諸課題の中から、17の目標、169の指標を選りすぐり、可視化した。

しかし、科学技術のめざましい発展に伴い、SDGsが前提とする認知空間は、すでに時代に合わないものとなってきている。ポストSDGs、あるいは、今世紀末までの未来を見通した新しいアジェンダを、私たちが考えるに際しては、少なくとも3つの「新しい」認知空間と向き合う必要がある。宇宙空間、サイバー空間、そして、脳内空間の3つである。これらは、相互に密接不可分に関係し、すでに私たちの暮らしや生き方を大きく左右している。

なくとも理論的には拓けている。

他方で、現実世界では、情報資源は、秘匿し、あるいは人心を攪乱するために用いるなど悪用することが可能である。社会に悪影響を及ぼし、あるいは、社会のさらなる分断、対立と抗争を助長する手段として使われる可能性もある。たとえそこに悪意が不在であったとしても、自らの関心や嗜好性に則して情報を効率的に得たいという人々の欲求に答えるための情報アルゴリズム（フィルター・バブル）が、期せずして結果的に、社会の分断を助長するリスクもある。さらに、私たちが、サイバー空間への依存を高めることによって、私たちの社会は脆弱さを増す。サイバー攻撃に限らず、想定外の事故や災害によって、ひとたび情報インフラが棄損された場合のリスクは日に日に高くなってきている。

サイバー空間への依存に関し、私たちはすでにもう戻れないところ（point of no-return）に来てしまったのかもしれない。しかし、ポストSDGsにおいては、この点に踏み込んだラジカルな議論がほしい。サイバー空間に関しては、国連を含む国際社会も、主権国家も、その他のいかなるアクターもこの空間の全体像を把握できておらず、それを監理する能力もない。それぞれの国やアクターがこの空間の安全性、強靱性を高めるそれぞれの努力を継続するだけでは十分ではない。

サイバー空間への依存なくして私たちはもはや生きていけないのであろうか？　サイバー

空間への依存を最低限度にとどめつつ、私たちの命と暮らしと尊厳が保たれるようなアルターナティブな社会はもはや構築不可能であるのか？

鍵を握るのは、おそらく、自立分散型、あるいは、オフグリッドの社会システムの構築であろう。周囲のサイバー環境が、すべてシャットダウンしたとしても、人々が住むそのコミュニティの中で命と暮らしと尊厳が保たれるような社会を創ること、あるいは、それに近似するエコシステムの構築は、もしかしたら、まだ可能かもしれない。

2つの「命」と「命の革命」

古代ギリシャ人は、命は2つあると考えた。1つは、ビオース（BIOS）。個々の生物体の命であり、物質的な命である。もう1つは、ゾーエ（ZOE）。霊的な命、超自然的な命である。永遠の命とつながる存在でもある。あるいは、個々の生命体が、生まれ出でる源であり、個体死によって帰って行く先としての「母なる命」といってもよいだろう。ノーベル生理学・医学賞受賞者であるポール・ナースは、「あらゆる生命は全体がつながった蜘蛛の巣のようなもの」というアレキサンダー・フォン・フンボルト（19世紀の博物学者）の言葉を引用しつつ、「われわれは、他のすべての生命と深い絆で結ばれている」そして「相互のつながりこそが生命の中核なのだ」と主張している。彼は、「今日地球上にある生命の始まりは、

『たった一回』だけだったのだ」と断定する。現代科学のフロントラインを走る彼の認識は、古代ギリシャ人の考えたZOEと響き合っている。命は、およそ38億年前に地球に生まれたときから、今日に至るまで、「たったひとつの存在として」連綿と継続してきているというのである。その命の進化の最先端にある私たちの脳は、「考え、議論し、想像し、創造し、苦しむ能力」を獲得した。彼はさらに、「おそらく人間は、こうした深い絆を理解し、その意味に思いを馳せることができる唯一の生命体であり」、「地球の生命に対して特別な責任を負っている」と主張する。古代人が直感的に認識した「2つの命」は、現代科学の最先端を行く科学者によって、らせん階段の一周上から承認され、そして、私たちの「命」に対する認識の変容を迫っている。

若くして原発性側索硬化症（ALS）を発症したピーター・スコット・モーガンは、パートナーであるフランシスとの永遠の愛を貫くために、自らの身体機能と脳内空間のサイボーグ化を通じ「永遠の命」の獲得を目指した。呼吸は人工呼吸器に委ね、代謝や消化機能も漸次人工的な仕組みに置換する。AIと自らの脳を接続し、自らの思考と感情をディープラーニングによってAIに継承させ、自らの脳が死んだ後も、彼の脳内空間は、AIにおいて存在し続ける。すべての身体機能が停止し、脳が作動しなくなったときにおいても、AIがピーターの思考と感情のパターンを継承し、永遠に、あるいは、少なくともパートナーのフランシスがこの世を去るまで「生き続ける」。

ポールの言説やピーターの行動の背景には、史上かつてない科学技術の進歩がある。それらは、私たちがこれまで当たり前のように観念してきた「命」についての認識を大きく変えつつある。他方で、SDGsその他の国際アジェンダにおいて、「命」について、最新の科学技術の成果を反映した議論は十分にはなされてこなかった。MDGsからSDGsに至る議論で、国際社会は、伝統的な「命」を念頭におき、人間「一人ひとりの」命の大切さを謳い、同時に、人類全体の存立基盤としての地球環境の保全を訴えた。「人間の安全保障」は、人間存在の中核的価値として、「命」、「暮らし」と「尊厳」を挙げた。それらにおいて、「命」は、一人ひとつ、一人ひとりの唯一不可侵のものであり、かつ有限であり、その人の「暮らし」や「尊厳」と「命」は不可分一体のもの、人間存在の中核的価値であると考えられてきた。そして、SDGsは、それらの個々の「命」の平等と不可侵性を前提としつつ、「『誰一人』取り残さない」世界を目指すことを謳ってきた。

しかし、今日、「命」は、合成して作ることも、改良することも、可能になりつつある。問題のある遺伝的形質をあらかじめ削除し、他方で、さまざまな優れた特性を備えた「スーパーな命」を作り出すための操作も、夢物語ではない。いつどこで、それが実践されてもおかしくない状況になっている。作ることができるものは、壊すこともできる。親の富と権力の差に応じて、「命」に松竹梅の差異を設けることも不可能ではない。そして、さらに、情報の塊としての「命」が、物理的空間ではなく、サイバー空間にのみ存在し、生き続けるという、ピーターが模索した選択肢も近い将来一般に普及する可能性がある。少なくとも技術的には間違いなく可能となる。

これらによって、「命」と「尊厳」の間に矛盾と対立が深まる可能性が生じている。物質あるいは情報の集合体として同定と操作が可能となった「命」と、人々が生きがいや生きる意味を見出すための拠り所としている価値観、そして、それらが守られること、それらを追求すること、あるいは、「尊厳」の間に大きな乖離が生じている。「命を守ること」と「尊厳を守ること」の間に、緊張感が生まれている。これは、2つの「命」、つまりＢＩＯＳ的なものとＺＯＥ的なものの間の葛藤でもある。

私たちは、「命」の意味が大きく変わってしまった世界にすでに生きている。「命」に対する私たちの社会の操作性がすでに大きく拡がってしまった今、私たちは、そもそも、何を守るのか、ほかのものに先んじて何を最も大切であると考えるのか、根本的なところから、問い直す必要に迫られている。もちろん、この点に立ち入ったとしても、簡単な解はない。異なる価値観同士の幾多の論争の末、疲弊するだけかもしれない。しかし、現代社会においてすでに起こってしまった「命の革命」という大きな変化を無視して、あるいは、棚上げして、ポスト

ＳＤＧｓの議論を進めることは、中核を議論せずして、枝葉を固めようとする愚挙に等しい。

「存在」から「共存」へ

ＳＤＧｓに関連する議論において頻出する術語の中に、ウェルビーイング（Well-being）という言葉がある。ＳＤＧｓの第三目標は、「すべての人に健康と福祉を（Good Health and Well-Being）」と謳い、ここでのウェルビーイングは、「福祉」と訳されることが多い。しかし、ウェルビーイングは、単に、日常的に用いられている意味での「健康」あるいは保健医療に関連する領域に限られるわけではない。経済、社会、環境の少なくとも３つのバランスがとれた社会における一人ひとりの望ましい状態を指すものと考えられている。

１９４７年の世界保健機構（ＷＨＯ）憲章では、「健康」を次のように定義している。「健康とは、病気でないとか、弱っていないということではなく、肉体的にも、精神的にも、そして社会的にも、全てが満たされた状態にあることをいう（日本ＷＨＯ協会訳）」

この定義は、今も世界中で広く使われている。さらに、１９９８年、ＷＨＯにおいて、「spiritual（霊的）とdynamic（動的）」という2つの概念領域を加えた新しい定義が提案され検討された。当時の日本の厚生省（現厚労省）の説明によれば、この提案の背景には、「生きていることとの意味」（を感じられること）や「生きがいの追求」（あるいは、生きがいを求めて、ダイナミックに心や体が動くこと）といったところまで掘り下げないと真の意味での「健康」とは言えないのではという問題意識があったとされている。

さらに、近年のウェルビーイングを巡る議論は、単に個人が個人単体として幸せであればよい、ということにとどまらない。個人の帰属する社会が、そして、地球全体が、持続的に望ましい状態にあることを前提とする。SDGsは、まさにそのような状態を達成することを目指すものである。貧困がなくなり、人々がそれぞれのもつ潜在能力を開花させる、そのために質の高い学びの機会を得る、平和な社会、暴力や差別や不合理な格差のない社会において尊厳をもって生きる、持続可能な生態系の中でその一員として育まれて生きる、という状態をイメージしてSDGsの全体像は形成された。つまり、SDGsの総合的な評価は、このウェルビーイングがどの程度実現したか、をみることでもある。言い換えれば、ウェルビーイングこそがSDGsの成果を総合的に評価するための最も重要な評価軸であるといってもよいであろう。

さて、ポストSDGsでは、このウェルビーイングをどう扱うか?

ポストSDGsの検討において、私が最も注目したい論点は、「人と人のつながり」である。その中でもとりわけ2つの側面を重視したい。ひとつは、「人々が危機に直面したときの人と人の間のつながり」を国や社会がどの程度しっかりともち合わせているか、という点である。

古くは、「ソーシャル・セーフティネット」に関する議論、あるいは、人間の安全保障の視点からは、「ダウンサイド・リスク」（状況が悪化するリスク）への対処に関する議論とである。ただし、これらをアップデートし、現代社会が新たに直面するようになった新しいタイプの脆弱性（たとえばサイバー空間の脆弱性など）に対応する必要がある。

もうひとつは、「生きがいや幸せの要件としてのつながり」である。これは、より一層可視化が難しい。人々が生きがいを感じ、幸福を追求していくために、人と人のつながりは欠かすことができない。人は、個々バラバラに完全に独立した存在として幸せである、ということは、実世界ではありえない。人は、必ず何らかのかたちで、他者とつながり、社会とつながっている。その関係性の中で、生きがいを見出し、幸せに生きていくことができる。

私が世界の各地で出会った数多くの貧しい人々、困難な境遇にある人々、武力紛争の惨禍から立ち直ろうとする人々、障害を乗り越えて生きていこうとする人々。私は、彼らの生き様から数多くを学び、かつ、大いに勇気づけられた。彼らの多くは、さまざまな困難の中でもへこたれずに、他者とのつながりをよすがとして、気丈に生きている。豊かな社会に生まれ育ったひ弱な私には信じられないほどのたくましさ、強さを発揮している。こどものために、家族のために、コミュニティのために、などという、それぞれが心から大切にする人と人との心のつながりは、人が人として生きるための力の源泉であり、尊厳を保つために絶対とを提案している。

率直に言って，これらの努力をどんなに続けても，私たちが実感する幸福やウェルビーイングの真の姿は目に見えてはこない。その真実を知ることはできない。しかし，それにもかかわらず，私は，これらの試みを，これからも支持したいと思う。なぜなら，このような試みに触発されて，世界中の１人でも多くの人々が，自分自身や自分以外の人々の幸せやウェルビーイングに対する関心を高めることにつながるからである。さらに，その結果として，「持つこと」（何を所有しているか？）よりも「在ること」（どのように存在し生きているか？）の大切さに対して，より多くの注意を振り向けるようになると考えるからである。自分が，どんな身分を有しているか，どれだけのお金を稼ぎ，富をもっているか，どれだけの権力をもっているか，ということではなく，自分らしく幸せに今を生きて存在しているかどうか，を自らに問う機会になると思うからである。

一昔前，開発途上国の人々とこの類いの話をすると，豊かな国の恵まれた人たちの贅沢な空想ではないか，などと言われ相手にされないことが多かった。しかし，今日，より多くの人々が，豊かであるということが必ずしも幸せであるということにならない，ということを実感し始めている。それのみならず，今日の豊かな社会や豊かな人々の暮らしぶりを世界中の人が実践したなら，私たちの存立基盤となる地球の生態系を持続することができない，ということに気づいている。

どんなに素晴らしい「持ちモノ」であってもそれをあの世までもって行くことはできない。しかし，「過去も未来も今も，この世界で唯一無二の存在である自分が，自分らしく幸せである」という真実は，誰からも，死によっても決して奪われることはない。

コラム8 COLUMN 見えない大切なもの「ウェルビーイング」を測る

国連は，3月20日を「国際幸福デー」と定め，毎年，「世界幸福度調査報告書（World Happiness Report）」を発表している。主観的ウェルビーイングを推し量る手段として，「1人あたりのGDP」，「社会的支援」，「平均健康寿命」，「選択の自由度」，「寛容度」そして，「社会の腐敗」の6分野が挙げられている。

OECD（経済協力開発機構）では，主観的ウェルビーイングに関するデータの収集と利用に関し，ガイドラインにまとめ，「より良い暮らしに関する指標（Better Life Index）」を策定した。この指標は，「住宅」，「所得」，「雇用」，「社会的つながり」，「教育」，「環境」，「市民参画」，「健康」，「主観的幸福（感）」，「安全」そして「ワークライフバランス」という11の分野における指標を合成したものである。

1970年代に，ブータンのジグミ・シング・ワンチェク国王が提唱した「国民総幸福（Gross National Happiness）」は，国家が人々の幸せあるいはウェルビーイングと向き合った取組みの先駆けとして広く知られている。イギリスでは，2010年に，国家幸福測定プログラムが立ち上がった。カーネギー英国財団は，「国内総充実（GDWs: Gross Domestic Well-beings）」を提唱している。GDWsは，ほかにもアメリカをはじめいくつかの国々において，計測，精緻化が進められている。ニュージーランド政府は，2019年から，「幸福予算」と名付けたウェルビーイング重視の予算編成を始めた。日本では，2011年，内閣府の「幸福度に関する研究会」によって「幸福度指標試案」が，まとめられた。2021年，予算委員会において，下村自民党政調会長（当時）が，コロナ禍の厳しい状況を経て，ウェルビーイング重視の政策に舵を切ることを提唱し，国民一人ひとりのウェルビーイングを測るための新たな物差しとして，GDWを用いるこ ➚

必要な条件である。

「深い暗闇の中でこそ、小さな光は、燦然と輝くのです」

先にも触れたが、闇と光の意味を私に教えてくれたルワンダ人の寡婦を含め、彼らは、逆境の中にあって、身近な人々との関係性の中に灯るわずかな光に希望を託し、たくましく生きている。

私たちが、未来を語るとき、実際にはありえない一人ひとりバラバラの幸せではなく、人々が「共によく生きる存在」、あるいは、「共存」のあり方をしっかりと議論しなければならない。その際、ウェルビーイング（Well-being）ではなく、コー・ウェルビーイング（Co-well-being）こそが、私たちが協働して追求する価値ではないか、と私は考える。

夕日に何を思う？

本書の冒頭で、海に沈もうとする夕日を見ていただいた。

伝統的な「開発」の呪縛から脱し、ＳＤＧｓを超えて、未来を見据えようとしたときに私たちの想像力は、大きく時空を超える。

「未来は？」

と問いを立てることで、私たちの知性と感性は、自らの傲慢さ、視野狭窄やさまざまな固定観念から解き放たれ、自由に、ダイナミックに飛翔する。

同じ夕日であっても、一人ひとりの見え方は異なる。そして、夕日に対峙する一人ひとりの境遇に思いを馳せれば、自然に、一人ひとりの個性、多様性、そして人々の間の関係性にまで心が及ぶ。

大切な人を失ったばかりの人は、沈む夕日に失った命の思い出を重ね合わせるかもしれない。暴力と不条理の中に生きる人は、今日一日、なんとか無事に生き延びたことを夕日に感謝するかもしれない。あるいは、ほどなく訪れる闇の恐怖に身構え、家族を抱き寄せるかもしれない。視覚に障害のある人は、消えゆく夕日の微かな気配を海を渡る風の中に感じ、それを親しい友の呼びかけのように慈しむかもしれない。

私たちは、この時、この場所にいながら、時空を超えて旅をすることができる。世界中のさまざまな人々の置かれた多様な状況が、時の経過と共に変化していく様子に思いを馳せることもできる。

そして、さらに、想像力が高く舞い上がれば、大空から、宇宙から、人と人の多様なつながりが織りなす人類社会の大きな絵が、ナスカの地上絵のように見えてくるかもしれない。私たちの未来は、そのような想像力によって創られていく。

私は、そのような知性と感性の可能性に望みを託したい。

あとがき

　未来を創造する鍵は、想像力である。時空を縦横無尽に駆け巡る想像力である。想像力は、歴史の英知を未来の創造につなげる。想像力は、多様性がもたらす分断や争いのリスクを、平和で強靱で持続可能な社会を創るチャンスに変える。想像力は、自分とはまったく異なる状況にあってまったく異なる考え方の人たちの立場に身を置き、共通の基盤がどこにおいてどのように形成できるか、を探る。しかし、想像力を「正しく」稼働させることは思いのほか難しい。人は、無意識のうちに、偏見にとらわれ、視野が狭くなり、独善的あるいは傲慢になる。

　これらの点について、私が経験し学んできたことについて、みなさんにライブで語りかけるように可能な限り飾らず率直に述べる努力をした。何がどこまでみなさんに伝わったか、伝わらなかったか、もし可能なら、教えてほしい。

　この出版を実現してくれた創成社、とりわけ、担当の西田徹氏に感謝したい。そして、私の願いを真摯に受け止め最後まで支援してくれた西川芳昭氏なくしては、そもそもこの出版はありえなかったことをここで記しておきたい。

　本書を、千春と初音、そして日本と世界の若者たちに捧げる。君たちが歩む未来に幸多かれ、と祈る。

２０２２年８月　高円寺の自宅にて

戸田隆夫

参考文献

アイエンガー・S、櫻井祐子訳（２０１０）『選択の科学』文藝春秋。

アマルティア・セン、大石りら訳（２００１）『貧困の克服』集英社（集英社新書）。

イースタリー・W、小浜裕久ほか訳（２０１５）『傲慢な援助』東洋経済新報社。

大野和基インタビュー・編（２０２２）『オードリー・タンが語るデジタル民主主義』ＮＨＫ出版。

尾原和啓（２０２１）『プロセスエコノミー―あなたの物語が価値になる―』幻冬舎。

蟹江憲史（２０２０）『ＳＤＧｓ（持続可能な開発目標）』中央公論社。

ガブリエル・M、姫田多佳子訳（２０１９）『「私」は脳ではない』講談社（講談社選書メチエ）。

ガブリエル・M、大野和基インタビュー・編、高田亜樹訳（２０２１）『つながり過ぎた世界の先』ＰＨＰ研究所。

カリス・Yほか著、上原裕美子・保科京子訳（２０２１）『なぜ、脱成長なのか―分断・格差・気候変動を乗り越える』ＮＨＫ出版。

北岡伸一・野中郁次郎（２０２１）『知徳国家のリーダーシップ』日経ＢＰ、日本経済新聞出版本部。

クリスタキス・N・A、ファウラー・J・H、鬼澤忍訳『つながり―社会的ネットワークの驚くべき力』講談社。

ケーガン・S、柴田裕之訳（２０１８）『「死」とは何か』文響社。

コーエン・R、斉藤聖美（２０２１）『インパクト投資―社会をよくする資本主義を目指して』日経ＢＰ、日本経済新聞出版本部。

斉藤幸平（２０２０）『人新世の「資本論」』集英社（集英社ｅ新書）。

サイド・M、竹内雄二訳（２０１６）『失敗の科学』ディスカヴァー・トゥエンティワン。

サイド・M、竹内雄二訳（2021）『多様性の科学』ディスカヴァー・トゥエンティワン。

ザック・P・Z、柴田裕之訳（2013）『経済は「競争」では繁栄しない』ダイヤモンド社。

シニア自然大学校編（2022）『いのちの循環―「森里海」の現場から―』花乱社。

シボニー・O（2021）『賢い人がなぜ決断を誤るのか？』日経BP。

杉山大志編著（2021）『SDGsの不都合な真実』宝島社。

鈴木雄二（2021）『多様性が日本を変える』幻冬舎。

ダイヤモンド・J、倉骨彰訳（2013）『昨日までの世界―文明の源流と人類の未来』（上・下）日本経済新聞出版社。

高橋徳・市谷敏訳（2014）『人は愛することで健康になれる』知道出版。

タフ・P、高山真由美訳（2017）『私たちは子どもに何ができるのか』英治出版。

ドーナト・O、鹿田昌美訳（2022）『母親になって後悔している』新潮社。

戸田隆夫（2001）「環境、平和と開発の相関を踏まえた国際協力のパラダイム構築」『国際環境協力』No.1、36－51ページ。

戸田隆夫（2011）「開発実践における『無知の知』」『開発を問い直す』日本評論社、195－211ページ。

戸田隆夫（2020）「『コロナ禍の途上国』を通じて可視化される『新世界』」『国際問題』No.697、1－4ページ。

ナース・P、竹内薫訳（2021）『WHAT IS LIFE？（生命とは何か）』ダイヤモンド社。

ナイ・J（2021）『国家にモラルはあるか？』早川書房。

西川芳昭編著（2022）『タネとヒト―生物文化多様性の視点から―』農山漁村文化協会。

野家啓一「生命（ゾーエー）の大海の中へ」『現代思想』２０２１年10月号、５６６２-５７５４ページ。

バーグストローム・K・T、ウエスト・J・D『デタラメ―データ社会の嘘を見抜く』日経ＢＰ・日本経済新聞出版本部。

バナジー・A・V、デュプロ・E、山形浩生訳（２０１２）『貧乏人の経済学』みすず書房。

ハラリ・Y・N、柴田裕之訳（２０１６）『サピエンス全史―文明の構造と人類の幸福―』（上・下）河出書房新社。

南博・稲葉雅樹（２０２１）『SDGs―危機の時代の羅針盤―』岩波書店（岩波新書）。

メータ・P・K、矢羽野薫（２０１２）『ビジョナリーであるということ』ダイヤモンド社。

モーガン・P・S、藤田美菜子訳（２０２１）『NEO HUMAN　ネオ・ヒューマン』東洋経済新報社。

吉森保（２０２０）『LIFE SCIENCE』日経ＢＰ。

ラトゥーシュ・S、中野佳裕訳（２０２０）『脱成長』白水社（文庫クセジュ）。

ロスリング・Hほか、上杉周作ほか訳（２０１８）『FACTFULNESS（ファクトフルネス）』日経ＢＰ。

《著者紹介》

戸田隆夫（とだ・たかお）

1960年大阪生まれ。

国際協力・国際開発の専門家。

独立行政法人国際協力機構（JICA）にて，150カ国を超える開発途上国との国際協力実務に従事。国連，世界銀行などと協調しつつ，「日本の国際協力の顔」として活躍。同時に，日本全国各地の大学で教鞭をとり，日本と世界の未来の在り方について学生たちと議論を重ねる。日本企業の海外進出や社会貢献活動を支援し，大手からベンチャーまで各種法人に対するアドバイザーを務める。明治大学特別招聘教授，順天堂大学客員教授，財団法人味の素ファンデーション理事等を兼任。世界中のこどもたちが未来の世界に向かって想像力を育むための，新しいネットワーク：「フォーラム2050」（仮称）を立ち上げるべく奔走中。

京都大学法学部卒業。東京大学新領域創成科学研究科にて修士（優秀論文賞受賞），名古屋大学大学院国際開発研究科にて博士号（学術）取得。

（検印省略）

2023年4月10日　初版発行　　略称 — 脱開発

脱開発と超SDGs

著　者　戸田隆夫
発行者　塚田尚寛

発行所　東京都文京区春日2－13－1　株式会社 創成社

電　話　03（3868）3867　　FAX　03（5802）6802
出版部　03（3868）3857　　FAX　03（5802）6801
http://www.books-sosei.com　振　替　00150-9-191261

定価はカバーに表示してあります。

ISBN978-4-7944-5072-2 C0236
Printed in Japan

組版：スリーエス　印刷・製本：鳩

落丁・乱丁本はお取り替えいたします。

創成社新書・国際協力シリーズを手に取ってくださった方へ

「誰も置き去りにしない」という目標を掲げた「持続可能な開発目標」（SDGs）が，途上国がイニシアティブをとりながら，市民社会とも連携して，国連総会において全会一致で採択され，世界中の公・共・私すべてのセクターで積極的な取り組みが始まった。また，マクロヒストリーの研究者ハラリは，その著書『ホモ・デウス』において，「これまでの歴史の中でずっと飢餓，疫病，戦争に苦しめられてきた人類が，それを克服しつつある今なにに取り組むべきか。」という楽観的とも言える問いかけを行っている。

いずれも，ほんの数年前の出来事（2015年）であるが，気候変動の影響は激化し，COVID-19に翻弄され，ロシアのウクライナ侵攻を目撃した2022年に生きる私たちは，これらの世界的枠組みや歴史認識が根本的に崩れつつあることを実感として体験している。

国際協力シリーズは，2008年の発刊当初から，現場を踏まえたうえで，日本で一般的に語られている国際協力の言説とは少し異なる，しかし国際協力を鳥瞰的に見た際にはとても重要だと考えられるトピックについて，理論と実践を交えた内容を世に出し続けてきた。

とどまるところを知らない環境破壊，パンデミックや戦争に翻弄される「人新世」に生きる私たちが生き延びるためには，真の共生社会を構築する必要があることを踏まえ，今後も国際協力の実際と，今後のあるべき姿を丁寧に議論する素材を提供していきたいと考えている。それぞれの分野の実践と研究の両方に精通した執筆陣が，決して「国際協力に関する正しい知識」を示すのではなく，トピックの国際的状況の解説と，執筆者しか語れない個別的事象を繋げた，国際協力について共に考えるメッセージを受け取って戴ければ幸いである。

2022年9月　シリーズ監修者　西川芳昭